そのまま使える
インドネシア語
会話

大形里美 著

南雲堂

はじめに

　インドネシア共和国の国語は、インドネシア語です。もともと多民族国家であるインドネシア共和国には、250を超える地方語が存在し、日常生活では地方語を使うことが多いため、インドネシア語も地方ごとに多少の違いが見られます。

　しかし一部の例外を除けば、インドネシア語はマレーシア語と語彙も文法もかなり共通しているため、それらの違いさえ理解すれば、マレーシアやシンガポール、ブルネイでも役立てることができる非常に使用範囲の広い言語です。

　本書は、旅行者や短期出張のビジネスマンだけでなく、長期滞在者に必要な生活するための会話を多く掲載しているところに特徴があります。

　観光旅行や短期の出張、会社での会議などでは、英語を使えば何とかなることも多いですが、しかし長期滞在をするとなれば、英語の話せないドライバーやお手伝いさんたちとの会話には、インドネシア語でうまくコミュニケーションをとることが必要になってきます。またビジネスにおいても、英語よりもインドネシア語を使った方が、親近感がわいて相手との距離がぐんと近づくことでしょう。

　ここに載せた会話例だけでは十分ではありませんが、必ずしも例文通りでなければならないということもありません。最初は相手に通じることが大切です。そして片言でもどんどん話していく姿勢が、上達の秘訣です。

　本書では様々な場面を想定して、多様な会話例をあげています。それぞれの場面に応じて、少しでも役立てていただければ幸いです。

この原稿を執筆するにあたって、1999年3月まで、東京外国語大学の客員教授として日本に滞在されていたイムラン・アブドゥッラー先生には、インドネシア語をチェックしていただきました。またジャカルタでの長期滞在経験をもとに横尾邦子さんと黒沢資到さんには、貴重な情報を提供していただきました。この場をお借りして、心より感謝申し上げます。

2001年1月
著　者

そのまま使えるインドネシア語会話
CONTENTS

はじめに ……………………………………………………………3

知っておきたいインドネシア語の基本 ……………………13
インドネシア語の基本会話 …………………………………19

そのまま使えるインドネシア語会話

トラベル編 ……………………………………………………27
1 空港で
　① イミグレーションで ……………………………………28
　② 荷物を回収する …………………………………………30
　③ 税関で ……………………………………………………31
　④ 両替する …………………………………………………32
　⑤ ホテルを予約する ………………………………………33
　⑥ タクシー・バス乗り場を探す …………………………35

2 交通機関を利用する
　① 飛行機に乗る ……………………………………………36
　② 列車に乗る ………………………………………………42
　③ タクシーに乗る …………………………………………43
　【得々情報】インドネシアのタクシー事情 ……………44
　④ バスに乗る ………………………………………………45
　【得々情報】インドネシアのバス事情 …………………47

3 ホテルで
- ① チェックイン……48
- ② 部屋から電話をかける……50
- ③ 部屋で……51
- ④ 朝食……52
- ⑤ 各種サービス……53
- ⑥ 苦情・トラブル……54
- ⑦ 役立つ情報……56
- ⑧ チェックアウト……58
- **【得々情報】**インドネシアのホテル事情……59

4 レストランで
- ① 電話で予約……60
- ② レストランの受付で……62
- ③ オーダーする……63
- **【得々情報】**インドネシアの食事事情……64
- ④ 支払い……65

5 ショッピング
- ① ショッピング情報を得る……66
- ② 素材・サイズ・色選び……68
- ③ 値段を尋ねる／値切る……70
- ④ 交換・返品・注文・配送の依頼……72
- **【得々情報】**インドネシアの特産品……73

6 トラブル＆病気
- ① 交通事故にまきこまれる……74
- ② 紛失・盗難の場合……77
- ③ 病気・怪我の時……80
- ④ しつこくつきまとわれたら……83

7 観光する
- ① 道を尋ねる……84
- ② ツアーを予約する……87
- ③ 観光スポットで……88
- ④ マリンスポーツをする……90

ビジネス編……91

1 電話でアポイントをとる
- ① 受付と……92
- ② 秘書と……94
- ③ 本人と（初対面）……97
- ④ 本人と（旧知）……99

2 先方に出かける
- ① 受付で……102
- ② 秘書と……105
- ③ 本人と名刺交換・自己紹介……106
- ④ 本人に連れの者を紹介する……108

3 商談
- ① 用件を切り出す……110
- ② 取引を申し込む……112
- ③ 取引の条件を提示／交渉する……114
- ④ 商談がうまくいったとき……116
- ⑤ 商談が難航した場合……118
- ⑥ 感謝の気持ちを表す……120
- ⑦ 次回のアポイントをとる……122

4 オフィスで
- ① 新任／着任の挨拶をする……124
- ② 知っておくと便利な表現……126

5 会議に出席する
- ① 自己紹介……132
- ② 質問をする……133
- ③ 賛成／反対意見を述べる……134
- ④ 意見を述べる……136

6 工場を見学する
- ① あいさつ……138
- ② 見学前の質問……140
- ③ 見学中の質問……142
- ④ 見学後に……143

【得々情報】インドネシアの経済················145

7 接待を受ける
① 先方の招きに応じる··················146
② 先方の招きを断る····················148
③ 接待を受けて待ち合わせ············149
④ ビジネスランチ······················150

生活編················153
1 住まい探し
① 新聞広告を見て······················154
② ブローカーを通じて探す············156
③ 電話で直接条件を尋ねる············158
④ 様々な質問事項······················160
⑤ 知人に下宿探しを依頼··············162
⑥ 自分で下宿探し······················163
⑦ 実際に住居を回ってみる············164
⑧ 契約を交わす／見合わせる··········166

2 お手伝いさん探し
① 面接をする··························168
② 雇用条件を伝える····················170
【得々情報】インドネシアのお手伝いさん事情············173

3 お手伝いさんに指示する
① 一日のルーティンワークを指示······174
② 仕事の内容の変わる日······177
③ 掃除・洗濯に関して······178
④ 掃除の仕方について······181
⑤ 料理に関して······183
⑥ 買い物を指示······188
⑦ 接客するとき······189
⑧ 電話の取り次ぎ······190
⑨ 許可と禁止······192
⑩ ルバラン（断食明け）の休暇のこと······193
⑪ 子守を依頼する場合······194
⑫ 病気の時······196
【得々情報】 インドネシアの習慣とマナー······197

4 ドライバーへの指示
① 行き先を指示······198
② 送りを頼む······200
③ 迎えを頼む······201
④ 残業を頼む······202
⑤ お使いを頼む······203
⑥ 給油・修理・前借り······204
【得々情報】 インドネシアのドライバー事情······205

5 郵便・電話・銀行の利用
① 郵便局で ……………………………………………… 206
② 電話する ……………………………………………… 209
③ 銀行で ………………………………………………… 212

6 家族／知人の紹介
① 続柄・関係を説明 …………………………………… 216
② 兄弟について尋ねる ………………………………… 217
③ 独身か既婚か尋ねる ………………………………… 218
④ 家族について質問されたら ………………………… 219

インドネシアの文化 ……………………………………… 220
インドネシアの行事 ……………………………………… 221
インドネシアの料理 ……………………………………… 222

```
編集      （株）童夢
装丁・デザイン  （有）今井邦孝デザイン事務所
イラスト    内山良治
写真協力    パシフィックリンクコーポレーション
```

知っておきたい
インドネシア語の
基本

インドネシア語について

　インドネシア語の母体はマレー語です。マレー語は、7世紀後半から栄えた仏教王国スリウィジャヤ王国や、15世紀のイスラーム国家マラッカ王国の繁栄を背景に、東南アジア貿易網における共通語として群島各地に広まったものです。

　16世紀に入ると東南アジア地域にポルトガル・オランダなどの勢力が及び、17世紀にはインドネシアは、オランダ領東インドとなり、その後マレーシアは英領マラヤとなりました。そのため、それぞれの語彙と発音に差異が生まれ、異なった言語としての歴史が始まりました。

　「インドネシア語」という名称は、1928年10月28日の青年の誓いで、「インドネシア民族」とともにその民族の言語として承認されたものです。そして1945年8月17日の独立宣言から、インドネシア共和国の国語になりました。ちなみにマレーシアで使用されている言語は「マレーシア語」、シンガポール、ブルネイ王国では「マレー語」と呼ばれています。

　日常生活で地方語の役割が大きいインドネシアでは、ジャワ島を例にあげると、西部ジャワではスンダ語が、中部ジャワ、東部ジャワではジャワ語が話されています。これらの地方語は日本語の方言とは違い、文法はある程度似ているものの、語彙がまったく異なるため、ジャワ語とスンダ語では意志の疎通はできません。

　文字に関しては、かつてはイスラーム文化とともに始まったアラビア文字による表記と、オランダによる植民地支配によって始められた、オランダ式のローマ字（インドネシア語ではhuruf Latin「ラテン文字」）表記が併存していました。

　しかし現在ではアラビア文字による表記は消滅し、ローマ字表記のみ使われています。表記方法も1974年以降、オランダ式の表記を改め現在の表記法になりました。人名に関しては変更されていないので、現在の表記法との違いについては、のちほど説明します。（P18参照）

アルファベット

インドネシア語の表記は２６文字のアルファベットを使用します。アルファベットの読み方はオランダ式です。

A	アー	N	エヌ
B	ベー	O	オー
C	チェー／セー	P	ペー
D	デー	Q	キー
E	エー	R	エル
F	エフ	S	エス
G	ゲー	T	テー
H	ハー	U	ウー
I	イー	V	フェー
J	ジェー	W	ウェー
K	カー	X	エクス
L	エる	Y	イェー
M	エム	Z	ゼッ［ト］

Xは単語の表記にはほとんど使用されず、英語のexportなどはeksporと表記されます。またf、q、v、zはインドネシア語固有の音ではありませんが、英語やオランダ語、そしてアラビア語などからの借用語に使用されています。a、i、eの読み方は、日本語のローマ字読みに一致しています。基本的には日本語のローマ字読みに似ているのですが、発音についてはいくつか注意点があります。

母音

インドネシア語の母音は、a、i、u、é、e、oの６種類あります。

a 日本語の「ア」の発音とほぼ同じです。

i 日本語の「イ」の発音とほぼ同じです。

u 曖昧母音の「ウ」と区別するため、日本語の「ウ」を発音す

	るときよりも唇を突き出してはっきりと発音します。
é	日本語の「エ」の発音とほぼ同じです。ただし普段はéとは表記せず、次の曖昧音のeと同じ表記になります。
e	「エ」と発音する時の唇の形で、「ウ」と発音される曖昧音です。両方ともeの文字で表記されるので、eがどちらで発音されるか一つ一つ覚えていく必要があります。
o	日本語の「オ」の発音とほぼ同じです。

また母音の長さは単語の意味に影響しないため、例えば"banyak"「バニャック」を「バーニャック」と発音しても、"bagus"「バグゥス」を「バグゥース」と発音しても意味に変わりはありません。

二重母音

単語の表記には"aa""ai""au""ee""eu"など様々な母音の組み合わせが出てきますが、基本的には"aa"ならば「アア」、"ai"ならば「アイ」"au"ならば「アウ」と表記通りに発音します。

ただし、"ai"と"au"はフォーマルな発音はそれぞれ「アイ」と「アウ」ですが、親しい間柄での会話ではそれぞれ「エイ／エ」「オウ／オ」とも発音されます。ただし、一音節からなる単語では必ず「アイ」「アウ」と発音されます。

また"ee"の発音に関しては、"e"の発音に「エ」と曖昧母音の「ウ」の発音の二通りがあるため、発音は「エエ」だけではなく、"keenakan"などは「クエナカン」と発音され、"ee"の部分は曖昧母音の「ウ」と「エ」の発音になります。

子音

一部の例外を除いてほとんどローマ字読みになります。

b	日本語の「バ行」の発音になります。
c	「チャ行」の発音になります。しかし略語では一般的に「セー」と発音されます。ＡＣ（エアコン）は「アーセー」となります。
d	基本的に「ダ行」の発音になります。diは「ディ」、duは「ドゥ」

	となり、「デュ」とならないことに注意しましょう。
f	外来語に使用されます。fa、fi、fe、foは「ファ」「フィ」「フェ」「フォ」の発音になります。
g	「ガ行」の発音になります。
h	「ハ行」の発音になります。語頭や語中にある場合には弱く発音されます。そのため"hutan（森）"は「フタン」の他に「ウタン」とも発音されます。また語末にある場合、溜息を漏らすように息だけを出します。本書では「（ハ）行」で表記します。
j	「ジャ行」の発音になります。
k	「カ行」の発音になります。
kh	喉の奥の方から強く「ハ行」の発音をします。しかしもともとアラビア語の音で発音が難しいので、「カ行」で発音されることもあります。
ℓ	英語の「ℓ」の発音になります。本書では「ら行」で表記します。
m	「マ行」の発音になります。語末にある場合は唇を閉じます。
n	「ナ行」の発音になります。語末にある場合は「ヌ行」を発音するように、必ず舌の先を上の歯茎につけます。
ng	「ング」ではなく、鼻から「ん」と音を出す鼻濁音です。本書ではngの後ろに母音を伴う場合に「（ン）ガ行」で、後ろに母音を伴わない場合には「ん」で表記します。
p	「パ行」の発音になります。
q	Qur'an（クルアン）「コーラン」以外にはほとんど使用されません。
r	「べらんめえ口調」に出てくる巻き舌音です。舌を上の歯茎に近づけ、力を抜いて息を吐くことで舌が震え、歯茎についたり離れたりする時の音です。本書では「ラ行」で表記します。
s	「サ行」の発音になります。siに関しては「スィ」と「シ」の両方の発音があります。

t	「タ行」の発音になります。tiは「ティ」、tuは「テュ」ではなく「トゥ」となります。
v	fと同じ「ファ行」の発音になります。VISAは「ヴィサ」ではなく「フィサ」と発音されます。
w	「ワ行」の発音になります。

　単語の最後の文字が、b、d、f、k、t、pで終わる場合には後ろに母音がないので、その発音の前に小さい「ッ」があるつもりで、発音する時にはそれぞれの発音をする時の口の形をして止めます。本書ではそれぞれ、「ッ（ブ）」「ッ（ド）」「ッ（フ）」「ッ（ク）」「ッ（ト）」「ッ（プ）」と表記します。

アクセント

　インドネシア語の個々の単語のアクセントは、英語のように明確に決まっていません。また日本語のようにアクセントの違いが意味の違いをもたらすこともありません。しかし単語を単独で発音する場合にはたいてい最後から2番目の音節にアクセントがあり、そこに曖昧音の（ウ）がある場合には最終音節に移動するという説があります。

　文章になると文の切れ目で尻上がりになり、それまでの部分はかなりフラットに発音されます。地方によって多少違いが見られますが、一般に平叙文の場合には、文末の最後から2番目の音節にアクセントがおかれる傾向があります。

旧表記の発音

　現在でも1974年以前に生まれた人の名前には、旧表記が使われていることがあります。旧表記の読み方で、現在の表記と異なるものは、「dja→ja」「sja→sya」「tja→ca」「nja→nya」「oe→u」「cha→kha」です。

　例えば、Soehartoは「ソエハルト」ではなく「スハルト」、Djarotは「ドジャロッ（ト）」ではなく「ジャロット」と読みます。

インドネシア語の基本会話

インドネシア語の基本会話

（1）あいさつ

おはよう。
Selamat pagi.
スらマッ(ト) パギ

こんにちは。
（10:00 から 15:00 くらいまで）
Selamat siang.
スらマッ(ト) スィあん

こんにちは。
（15:00 から 18:00 くらいまで）
Selamat sore.
スらマッ(ト) ソレ

こんばんは。
Selamat malam.
スらマッ(ト) マら(ム)

お元気ですか？
Apa kabar?
アパ　カバル

はい、元気です。
Baik-baik saja.
バイッ(ク) バイッ(ク) サジャ

ありがとう。
Terima kasih.
トゥリマ　カスィ(ヒ)

どういたしまして。
Sama-sama. / Kembali.
サマ　サマ　　ク(ム)バリ

ごめんなさい。
Minta maaf. / Maaf.
ミンタ　マアフ　　マアフ

大丈夫です。
Tidak apa-apa.
ティダッ(ク) アパ アパ

またあとでね。
Sampai nanti, ya.
サ(ム)パイ　ナンティ　ヤ

また明日ね。
Sampai besok, ya.
サ(ム)パイ　ベソッ(ク) ヤ

さようなら。
（見送る人が旅立つ人に対して）
Selamat jalan.
スらマッ(ト) ジャらン

さようなら。
（旅立つ人が見送る人に対して）
Selamat tinggal.
スらマッ(ト) ティンガる

やあ！
Hai!
ハイ

20

バイバイ。
Daag! / Dada!
ダアー　　ダダ

どうも。(別れ際に遣う)
さあ。(相手を促す時)
Mari. (目上に) / **Ayo.** (目下に)
マリ　　　　　アヨ

はじめまして、わたしは田中です。
Kenalkan, saya Tanaka.
クナるカン　　サヤ　タナカ

お会いできて光栄です。
Saya senang bisa
サヤ　　スナん　　　ビサ
bertemu dengan Anda.
ブルトゥムゥ ドゥ(ン)ガン アンダ

曜日

日曜日
hari Minggu
ハリ　ミんグゥ

月曜日
hari Senin
ハリ　スニン

火曜日
hari Selasa
ハリ　スらサ

水曜日
hari Rabu
ハリ　ラブゥ

木曜日
hari Kamis
ハリ　カミス

金曜日
hari Jumat
ハリ　ジュマッ(ト)

土曜日
hari Sabtu
ハリ　サプトゥ

そのまま使えるインドネシア語会話

（2）基本的な質問とその答え

どちらから来られたのですか？ー日本です。

Datang dari mana? - Dari Jepang.
ダタん　　ダリ　マナ？　　ーダリ　ジュパん

どこへ行くのですか？ー散歩です。

Mau ke mana? - Hanya jalan-jalan.
マウ　ク　マナ？　　ーハニャ　　ジャラン ジャラン

あなたはどこに泊まっていますか？ーヒルトンホテルです。

Anda menginap di mana? - Di Hotel Hilton.
アンダ　ム(ン)ギナッ(プ)　ディ マナ？　　ーディ ホテる　ヒるトン

これは何ですか？ーこれはおみやげです。

Apa ini? / Ini apa? - Ini oleh-oleh.
アパ　イニ？ / イニ アパ？　ーイニ オれ(ヘ) オれ(ヘ)

これはいくらですか？ーそれは5千ルピアです。

Ini berapa? / Berapa ini? - Itu 5 ribu.
イニ ブラパ？　 / ブラパ　イニ？ーイトゥ リマ リブゥ

あなたのお名前は？ー私の名前は池田です。

Siapa nama Anda? - Nama saya Ikeda.
スィアパ ナマ　　アンダ？　ーナマ　　　サヤ　　イケダ

トイレはどこにありますか？ーあそこです。

Di mana ada toilet? - Di sana.
ディ マナ　　　アダ トイれッ(ト)？ーディ サナ

いつそこへ行きますか？ー明日です。/ーまだわかりません。

Kapan mau pergi ke sana? - Besok. / -Belum tahu.

カパン　マウ　プ(ル)ギ ク サナ？ ーベソッ(ク) / ブるぅ(ム) タウ

ブロックMにはどうやっていくのですか？ーここからバスで行けます。

Bagaimana cara pergi ke Blok M?

バガイマナ　　　チャラ プルギ ク ブろッ(ク) エム？

- Dari sini bisa pergi dengan bis.

ダリ　スィニ ビサ　プルギ　ドゥ(ン)ガン ビス

あなたは日本人ですか？ーはい。/ーいいえ。

Apakah Anda orang Jepang? -Ya. / -Bukan.

アパカ(ハ)　アンダ　オラん　ジュぱん？　　ヤー / ブゥカン

もう朝食を食べましたか？ーはい、終わりました。/いいえ、まだです。

Sudah makan pagi? -Ya, sudah. / -Belum.

スゥダ(ハ)　マカン　パギ？　ヤー スゥダ(ハ)　　ブるぅ(ム)

インドネシア語ができますか？

Bisa bahasa Indonesia?

ビサ　バハサ　インドネスィア？

ーはい、少し出来ます。/ーいいえ、できません。

- Ya, bisa sedikit. / -Tidak bisa.

ヤー ビサ　スディキッ(ト) ティダッ(ク) ビサ (ス)

一緒に食事しますか？ーはい、そうしたいです。

Mau makan sama-sama? - Ya, mau.

マウ　マカン　　サマ　サマ？　　ヤー　マウ

（3）様々な返事

承知しました。/OKです。
Baik. / Oke.
バイッ(ク) オーケー

知りません。
Saya tidak tahu.
サヤ ティダッ(ク) タウ

あまりよく知りません。
Saya kurang tahu.
サヤ クゥらん タウ

まだわかりません。
Saya belum tahu.
サヤ ブるゥム タウ

ああ、そうですか。
Oh, ya.
オー ヤー

ああ、そうなの？
Oh, ya?
オー ヤー

まさか！（ウソー！）
Masa!
マサ

（4）依頼

これを2つください。
Minta ini dua.
ミンタ イニ ドゥア

砂糖抜きのお茶をください。
Minta teh tanpa gula.
ミンタ テ(ヘ) タンパ グゥら

灰皿をください。
Minta asbak.
ミンタ ア(ス)バッ(ク)

ゆっくり話してください。
Tolong bicara pelan-pelan.
トろん ビチャラ ブらン ブらン

もう一度お願いします。
Tolong sekali lagi.
トろん スカり らギ

タクシーを呼んでください。
Tolong panggilkan taksi.
トろん パんギるカン タクスィ

これを見せてください。
Tolong perlihatkan ini.
トろん プ(ル)りハッ(ト)カン イニ

（5）許可

タバコを吸ってもいいですか？ーはい、どうぞ。

Boleh merokok ? -Ya, silakan.

ボれ(へ) ムロコッ(ク)？　ヤー　スィらカン

※特に田舎では女性の喫煙は敬遠されるので要注意です。

ここに座ってもいいですか？

Boleh duduk di sini?

ボれ(へ) ドゥドゥッ(ク) ディ スィニ？

これを１ついただいてもいいですか？

Boleh minta satu?

ボれ(へ) ミンタ　サトゥ？

どうぞお入りください。

Silakan masuk.

スィらカン マスゥッ(ク)

どうぞお座りください。

Silakan duduk.

スィらカン ドゥドゥッ(ク)

どうぞご自由にお取りください。

Silakan ambil sesukanya.

スィらカン ア(ム)ビ(る) ススゥカニャ

そのまま使えるインドネシア語会話

インドネシア語の基本会話

（6）禁止

これを使わないでください。
Jangan pakai ini.
ジャ(ン)ガン パカイ イニ

この部屋に入らないで。
Jangan masuk kamar ini.
ジャ(ン)ガン マスッ(ク) カマ(ル) イニ

ここでタバコを吸わないで下さい。
Jangan merokok di sini.
ジャ(ン)ガン ムロコッ(ク) ディ スィニ

ここではタバコを吸ってはいけません。
Di sini tidak boleh merokok.
ディ スィニ ティダッ(ク) ボれ(ヘ) ムロコッ(ク)

禁煙。
Dilarang merokok.
ディらラん ムロコッ(ク)

そのまま使える
インドネシア語会話
トラベル編

1 空港で

①イミグレーションで

イ：パスポートを提示してください。

Tolong tunjukkan paspor Anda.
トろン　　トゥンジュッカン　　パスポル　アンダ

日：はい、これです。

Ya, ini, Pak. (相手が男性の場合には Pak をつけることで文が丁寧になります。
ヤー　イニ　パッ(ク)　女性の場合はBu(ブゥ)をつけます。)

イ：あなたの訪問目的は何ですか？

Apa tujuan kunjungan Anda?
アパ　トゥジュアン　クゥンジュ(ン)ガン　アンダ

日：観光です。

Untuk wisata, Pak.
ウントゥッ(ク)　ウィサタ　　パッ(ク)

イ：インドネシアにはどれくらい滞在するつもりですか？

Mau tinggal berapa lama di Indonesia?
マウ　ティンガる　ブラパ　らマ　ディ　インドネスィア

日：予定では一週間です。

Rencananya satu minggu, Pak.
ルンチャナニャ　　サトゥ　ミングゥ　　パッ(ク)

イ：帰りの航空券はもうありますか？

Punya tiket untuk pulang?
プニャ　ティケッ(ト)　ウントゥッ(ク)　プらん

日：はい、もうあります。

Ya, sudah, Pak.
ヤー　スゥダ(ハ)　バッ(ク)

イ：インドネシアでのあなたの住所はどこですか？

Di mana alamat Anda di Indonesia?
ディ　マナ　アらマッ(ト)　アンダ　ディ インドネスィア

日：私はこのホテルに宿泊します。

Saya akan menginap di hotel ini.
サヤ　アカン　ム(ン)ギナッ(プ)　ディ ホテる　イニ

[KEY WORDS]

Jepang	ジュパん	日本
Indonesia	インドネスィア	インドネシア
Cina	チナ	中国
Korea Selatan	コレア　スらタン	韓国
Singapura	スィ(ン)ガプゥラ	シンガポール
Malaysia	マらィスィア	マレーシア
Amerika	アメリカ	アメリカ
Belanda	ブらンダ	オランダ
Australia	アウストゥラリア	オーストラリア
Eropa	エロッパ	ヨーロッパ
nama keluarga	ナマ クるゥアルガ	姓(ファミリーネーム)
nama kecil	ナマ クチる	名(ファーストネーム)
tanggal lahir	タんガる らヒル	生年月日
alamat	アらマッ(ト)	住所
pekerjaan	プクルジャアン	職業

そのまま使えるインドネシア語会話トラベル編

②荷物を回収する

空港で

●私の手荷物が見つかりません。

Bagasi saya tidak ketemu.
バガスィ　サヤ　ティダッ(ク) クトゥムゥ

●至急探してください。

Tolong carikan segera.
トろン　チャリカン　スグラ

●荷物引換証はありますか？

Ada kartu tanda terimanya?
アダ　カルトゥ　タンダ　トゥリマニャ

●はい、これです。

Ya, ini, Bu.
ヤー　イニ　ブゥ
(相手が女性の場合には Bu をつけることで文が丁寧になります。)

●これがあなたの手荷物ですか？

Apa ini bagasi Anda?
アパ　イニ　バガスィ　アンダ

●ええ、そうです。どうもありがとうございました。

Ya, betul. Terima kasih banyak.
ヤー　ブトゥる　トゥリマ　カスィ(ヒ)　バニャッ(ク)

●（ポーターに対して）必要ありません。自分で運びます。

Tidak perlu. Saya bawa sendiri.
ティダッ(ク)　プルるゥ　サヤ　バワ　スンディリ
(※頼まなくてもポーターが運び始めることが多い。)

③税関で

イ:何か申告しなければならない物はありますか?

Ada sesuatu yang harus dilaporkan?
アダ　ススゥアトゥ　ヤん　ハルゥス　ディらポルカン

日:ありません。

Tidak ada, Pak.
ティダッ(ク)　アダ　パッ(ク)

イ:カバンを開けてみてください。(←開けられますか?)

Bisa buka tasnya?
ビサ　ブゥカ　タスニャ

イ:これは何ですか?

Apa ini?
アパ　イニ

日:これは自分で使うパソコンです。

Ini komputer untuk saya pakai sendiri.
イニ　コムプゥトゥル　ウントゥッ(ク)　サヤ　パカイ　スンディリ

イ:はい、結構です。

Ya, cukup.
ヤー　チュクッ(プ)

そのまま使えるインドネシア語会話トラベル編

④両替する

日：円（ドル / トラベラーズチェック）レートはいくらですか？

Berapa kurs yen(dolar / cek turis)nya?
ブラパ　クゥルス　イェン（ドらル　チェッ（ク）トゥリス）ニャ

日：これを両替してください。

Tolong tukar ini.
トろん　トゥカル　イニ

小銭を混ぜてくださいね。

Tolong campurkan uang kecil, ya.
トろん　チャムプゥルカン　ウアん　クチ（る）　ヤ

イ：では、こちらになります。（←これがお金です）

Ini uangnya.
イニ　ウアんニャ

日：すみませんが、これを千ルピア札と両替してください。

Maaf, tolong tukar ini dengan
マアフ　トろん　トゥカル　イニ　ドゥ（ン）ガン

uang seribuan.
ウアん　スリブゥアン

イ：承知しました。少々お待ちくださいませ。

Baik, tunggu sebentar, ya.
バイッ（ク）　トゥングゥ　スブンタル　ヤ

⑤ホテルを予約する

そのまま使えるインドネシア語会話 トラベル編

日：ここで今夜のホテルの予約をできますか？

Dari sini bisa pesan hotel untuk
ダリ　スィニ　ビサ　プサン　ホテる　ウントゥッ（ク）

malam ini?
マらム　　イニ

イ：はいできます。

Ya, bisa.
ヤー　ビサ

どこのホテルを予約なさいますか？

Mau memesan hotel mana?
マウ　　ムムサン　　ホテる　マナ

日：私たちはクタ海岸の近くのホテルに宿泊したいです。

Kami mau menginap di dekat pantai Kuta.
カミ　　マウ　　ム（ン）ギナッ（プ）　ディ ドゥカッ（ト）　パンタイ　　クゥタ

イ：それでは、アングレックホテルはいかがですか？

Kalau begitu, bagaimana kalau
カろウ　　ブギトゥ　　バガイマナ　　カろウ

Hotel Anggrek?
ホテ（る）　アんグレッ（ク）

33

日：一泊いくらですか？

Satu malam berapa?
サトゥ　　マら(ム)　　ブラパ

イ：シングルのお部屋ですか、それともツインのお部屋ですか？

Kamar single atau twin?
カマル　　　シ(ン)グる　アトウ　　トゥウィン

日：ツインの部屋をお願いします。

Minta kamar twin.
ミンタ　　　カマル　　トゥウィン

イ：そうですね、スタンダードは100ドルです。

Ya, yang standar 100 dolar.
ヤー　ヤん　　スタンダル　スラトゥス ドラル

日：わかりました、私たちはそのホテルを予約します。

Baik, kami mau pesan hotel itu.
バイッ(ク)　カミ　　マウ　　プサン　　　ホテる　　イトゥ

バリ島の中でも人気のヌサドゥアにあるシェラトン・ヌサドゥアホテル。**160 US$** くらい

⑥タクシー・バス乗り場を探す

日：タクシー（空港バス）乗り場はどこですか？

Di mana tempat naik taksi (bis bandara)?
ティ マナ トゥムパッ(ト) ナイッ(ク) タクスィ ビス バンダラ

イ：ああ、あちらです。

Oh, di sana.
オー ディ サナ

イ：もしタクシーに乗りたければ、あちらでまず予約してください。

Kalau mau naik taksi,
カラウ マウ ナイッ(ク) タクスィ

pesan dulu di sana.
プサン ドゥるウ ディ サナ

●ジャカルタ市内までどれくらい時間がかかりますか？

Berapa lama sampai dalam kota?
ブラパ らマ サムパイ ダらム コタ

●このバスはヒルトンホテルに止まりますか？

Apakah bis ini berhenti di Hotel Hilton?
アパカ(ハ) ビス イニ ブルフンティ ディ ホテる ヒるトン

●ここで止めてください。

Tolong berhenti (stop) di sini.
トろん ブルフンティ （ストッ(プ)）ディ スィニ

 2 交通機関を利用する

①飛行機に乗る

[1] リコンファームをする

日：ガルーダ航空のカウンターはどこですか？

Di mana kaunter Garuda?
ディ マナ　　カウントゥル　　ガルゥダ

リコンファームをしたいのですが。

Saya mau rekonfem.
サヤ　　マウ　　レコンフェム

イ：お名前と出発日をおっしゃってください。

Tolong sebutkan nama
トろん　　スブゥッ(ト)カン　　ナマ

dan tanggal keberangkatannya.
ダン　　タンガる　　　クブランカタンニャ

日：太田裕子、7月2日です。

Nama saya Yuko Oota, tanggal dua Juli.
ナマ　　サヤ　　ユーコ　　オオタ　　　タンガる　　ドゥア　ジュり

イ：いつどこで予約されましたか？

Kapan dan di mana Anda pesan?
カパン　　ダン　ディ　マナ　　アンダ　　プサン

日：6月2日に東京で予約をしました。

Saya pesan tanggal dua Juni di Tokyo.
サヤ　　プサン　　タンガる　　ドゥア　ジュニ　ディ　トウキョー

[2] チェックイン

●喫煙（禁煙）席にしてください。

Minta tempat merokok (tidak merokok).

ミンタ　　　トゥムパッ(ト)　ムロコッ(ク)　（ティダッ(ク) ムロコッ(ク)）

●窓側（通路側）にしてください。

Minta tempat dekat jendela (lorong).

ミンタ　　　トゥムパッ(ト)　ドゥカッ(ト)　ジュンデら　　（ろロん）

●手荷物（トランク）は2個です。

Bagasinya (kopernya) dua.

バガスィニャ　　　（コプルニャ）　　　ドゥア

●何番ゲートですか？

Pintu berapa?

ピントゥ　　ブラパ

●搭乗開始は何時ですか。

Jam berapa mulai bording?

ジャム　　ブラパ　　　ムらイ　　　ボルディん

●この飛行機の搭乗ゲートは変更されましたか？

Apa pintunya diubah untuk pesawat ini?

アパ　　ピントゥニャ　　　ディウバ(ハ)　ウントゥッ(ク) プサワッ(ト)　　イニ
(この場合の apa は「何」ではなく、「～ですか」の意味です。
丁寧にしたい時は apakah とします。)

●飛行機は遅れているのですか？

Apa pesawatnya terlambat?

アパ　　プサワッ(ト)ニャ　　　トゥルらムバッ(ト)？

交通機関を利用する

[3] 機内で

●英字紙（日本語の新聞）はありますか？

Ada koran bahasa Inggris (Jepang)?
アダ　コラン　バハサ　イングリス　（ジュパン）

●すみません、わたしは14Aなのですが。

Maaf, saya 14A.
マアフ　サヤ　ウムパッ(ト)ブラス アー

●コーヒーをお飲みになりますか、それとも紅茶ですか？

Mau minum kopi atau teh?
マウ　ミヌゥム　コピ　アトウ　テ(ヘ)

●コーヒーをください。

Minta kopi.
ミンタ　コピ

●お水（ビール）をいただけますか？

Boleh saya minta air (bir)?
ボレ(ヘ)　サヤ　ミンタ　アイル（ビル）

●鶏肉（魚）をお願いします。

Minta daging ayam (ikan).
ミンタ　ダギん　アヤム　（イカン）

●席を移ってもいいですか？

Boleh saya pindah tempat duduk?
ボレ(ヘ)　サヤ　ピンダ(ハ)　トゥムパッ(ト)　ドゥドゥッ(ク)

●今トイレに行ってもいいですか？

Boleh ke kamar kecil sekarang?
ボレ(ヘ)　ク　カマル　クチる　スカラん

●ミルク用のお湯（紙おむつ）をいただけますか？

Boleh saya minta air panas untuk
ボれ(へ)　サヤ　ミンタ　アイル パナス　　ウントゥッ(ク)

bikin susu botol (panpers)?
ビキン　スゥスゥ　ボトる　（パンプルス）

●離乳食を予約していたのですが。

Saya pesan makanan bayi.
サヤ　　プサン　　マカナン　　バイ

●気分が悪いのですが。

Saya kurang enak badan.
サヤ　　クゥらん　　エナッ(ク) バダン

[4]予約を取る

日：ロンボック島までの往復チケットを予約したいのですが。

Saya mau pesan tiket pulang pergi
サヤ　マウ　プサン　ティケッ(ト) プゥらん　プルギ

sampai pulau Lombok.
サムパイ　　プゥろウ　　ろムボッ(ク)

イ：何日のご出発ですか？

Berangkatnya tanggal berapa?
ブランカッ(ト)ニャ　　たんガる　　ブラパ

日：行きが8月1日、帰りは5日です。

Perginya tanggal satu Agustus,
プルギニャ　　たんガる　　サトゥ　アグゥストゥス

dan pulangnya tanggal lima.
ダン　プゥらんニャ　　たんガる　　りマ

そのまま使えるインドネシア語会話 トラベル編

イ：8月1日は何時頃の便がよろしいですか？

Tanggal satu Agustus mau pesawat
タンガル　　　サトゥ　　アグゥストゥス　　マウ　　プサワッ(ト)

jam berapa?
ジャム　ブラパ

日：朝10時頃の便はありますか？

Ada pesawat sekitar jam 10?
アダ　　プサワッ(ト)　　スキタル　　ジャム　スプるゥ(フ)

イ：10時30分の便がありますが、満席です。

Ada pesawat jam 10.30,
アダ　　プサワッ(ト)　　ジャム　スプるゥ(フ) ティガ プるゥ(フ)

tapi sudah penuh.
タピ　　スゥダ(ハ)　　プヌゥ(フ)

イ：12時ならまだ空席があります。

Kalau jam 12 masih ada tempat kosong.
カロウ　　ジャム ドゥア プらス マスィ(ヒ) アダ　トゥムパッ(ト) コソん

日：では、それでお願いします。

Kalau begitu, minta itu saja.
カロウ　　　ブギトゥ　　　ミンタ　　　イトゥ サジャ

● 今日のジョクジャカルタ(=ジョクジャ)行きの最終便は何時ですか？

Jam berapa pesawat yang terakhir
ジャム　ブラパ　プサワッ(ト)　ヤん　トゥルアヒル

ke Yogyakarta(=Yogya) hari ini?
ク　ジョクジャカルタ　（ジョクジャ）　ハリ　イニ

● 空席待ちをお願いできますか？

Apa bisa masukkan dalam daftar tunggu?
アパ　ビサ　マスッカン　ダらム　ダフタル　トゥングゥ

● 飛行機の便を変更したいのですが。

Saya mau ganti pesawat.
サヤ　マウ　ガンティ　プサワッ(ト)

● すみません、明日の飛行機の予約を取り消したいのですが。

Maaf, saya mau batalkan pesawat besok.
マアフ　サヤ　マウ　バタるカン　プサワッ(ト)　ベソッ(ク)

そのまま使えるインドネシア語会話トラベル編

[KEY WORDS]

Januari	ジャヌゥアリ	1月	Juli	ジュリ	7月
Februari	フェブルゥアリ	2月	Agustus	アグゥストゥス	8月
Maret	マルット	3月	September	セプテムブル	9月
April	アプリる	4月	Oktober	オクトブル	10月
Mei	メイ	5月	November	ノフェムブル	11月
Juni	ジュニ	6月	Desember	デセムブル	12月

②列車に乗る

交通機関を利用する

●駅はどこですか？

Di mana setasiun?
ディ マナ スタスィウン

●切符売り場はどこですか？

Di mana loketnya?
ディ マナ ろケッ(ト)ニャ

●スラバヤ行きの夜行列車は何時に出発しますか？

Jam berapa kereta malam ke Surabaya
ジャム ブラパ クレタ マらム ク スゥラバヤ

akan berangkat?
アカン ブランカット

●この列車に指定席はありますか？

Kereta ini ada tempat duduk
クレタ イニ アダ トゥムパッ(ト) ドゥドゥッ(ク)

yang dipesan?
ヤん ディプサン

●切符は今買えますか？

Tiketnya bisa beli sekarang?
ティケッ(ト)ニャ ビサ ブリ スカらン

●スラバヤまでの夜行列車の切符をください。

Minta tiket kereta malam ke Surabaya.
ミンタ ティケッ(ト) クレタ マらム ク スゥラバヤ

③タクシーに乗る

●アンバルクモホテルへお願いします。

Tolong ke Hotel Ambarukmo.
トろン　　ク　ホテる　アムバルゥクモ

●この住所へ行ってください。

Tolong ke alamat ini.
トろン　　ク　アらマッ(ト)　イニ

●この住所への道を知っていますか？

Tahu jalan ke alamat ini?
タウ　ジャらン　ク　アらマッ(ト)　イニ

●エアコンをつけてください。

Tolong hidupkan ACnya.
トろン　　ヒドゥッ(プ)カン　アーセーニャ

●エアコンを少し強く（弱く）してください。

ACnya tolong keraskan (kecilkan) sedikit.
アーセーニャ　トろン　クらスカン　（クチるカン）　スディキッ(ト)

●ここで止まってください。

Berhenti (Stop) di sini.
ブルフンティ　（ストップ）　ディ　スィニ

●戻ってくるまで待っていてください。

Tolong tunggu sampai kembali.
トろン　トゥングゥ　サムパイ　クムバリ

【得々情報】
インドネシアのタクシー事情

交通機関を利用する

　最近はほとんどのタクシーに、メーターがついています。もしメーターが off になっていたらタクシーに乗る時には、"Pakai argometer, ya.(パカイ　アルゴメトゥル　ヤ)"「メーターを使ってくださいね。」と一言つけ加えるとよいでしょう。しかし駅前や夜遅くなってからデパート前などで待機しているタクシーはメーターは使いたがらず、行き先によって値段を決めてくるので、値段交渉が必要です。

　空港では専用のサービスカウンターで、市街地へ移動するためのタクシーチケットを売っています。ジャカルタなど大都市の空港では、外に出るとメーターがついているタクシーをタクシーチケットより少し割安で利用することができます。

　ジャカルタでは、タクシー会社の数も６０種類くらいあり、評判の悪いタクシー会社も少なくありません。一般に BlueBird(ブルーバード)タクシーは評判がよく、Kostijaya（コスティジャヤ）、Citra（チトゥラ）、Ekspres（エクスプレス）、Lintas Buana（リンタス・ブアナ）などのタクシー会社も定評があります。タクシーによってはエアコンの効きの悪いタクシーもあるので、車体が新しそうで窓をきっちり閉めて走っている車を選びましょう。

　特に夜にタクシーを利用する場合、タクシーの種類には要注意です。車体が青色でもブルーバードとは限りません。また、タクシーだからと安心して居眠りなどしてはいけません。実際タクシーに乗っていて、身ぐるみはがされたケースがあります。もし淋しい裏通りへ連れて行かれそうになったら、ドアを開けて逃げる覚悟が必要です。夜間ひとりでタクシーを利用するのは、極力避けてください。

　また出張客だとわかるとまわり道をされたり、料金をごまかされたりするので、長期滞在だといっておくのも１つの方法です。危険な目にあわないよう、ドライバーと世間話をしたり、こまかく道順を指定したりするのも有効でしょう。

　ホテルを通じてタクシーをチャーターすると、料金の半分くらいを手数料としてとられます。慣れてきたら外でタクシーをつかまえ、料金交渉をして安く利用することもできます。チャーターの予定があれば、タクシーに乗る度に、２～３日前からチャーター料金を聞いておくとよいでしょう。

　タクシーがあまり通らない場所へ行った時は、"Minta ditunggu, ya.(ミンタ　ディトゥングゥ　ヤ)"「待っててくださいね。」といって待ってもらうと便利です。その場合、料金は少し多めに渡します。お釣り切れのことも多いので乗車前にくずしておくことも必要です。

④バスに乗る

[１] 長距離バスに乗る

●バスターミナルはどこにありますか？

Di mana ada terminal bis?
ディ　マナ　　アダ　　トゥルミナる　　ビス

●ボゴール行きのバスはどれですか？

Yang mana bis ke Bogor?
ヤん　　マナ　　ビス　ク　ボゴル

●ボゴールまでの料金はいくらですか？

Berapa ongkos sampai Bogor?
ブラパ　　　オンコス　　サムパイ　　　ボゴル

そのまま使えるインドネシア語会話トラベル編

こんなすばらしい景色が見られるのも熱帯の海ならでは。インドネシアの海は絶好のダイビングスポットでもある

交通機関を利用する

[2] 市内バスに乗る

●ブロックM行きのバスは何番ですか？

Bis ke Blok M nomor berapa?
ビス　ク　ブロッ(ク)エム ノモル　　ブラパ

●このバスはパサルスネンに止まりますか？

Apakah bis ini berhenti di Pasar Senen?
アパカ(ハ)　　ビス　イニ　ブルフンティ　ディ バサル　スネン

●ここからパサルスネンまで何分くらいかかりますか？

Dari sini ke Pasar Senen kira-kira
ダリ　　スィニ　ク　バサル　　スネン　　キラ キラ

berapa menit?
ブラパ　　　ムニッ(ト)

●パサルスネンに着いたら知らせてください。

Tolong kasih tahu kalau sudah sampai
トろン　　カスィ(ヒ)タウ　　カろウ　スゥダ(ハ)サムパイ

di Pasar Senen.
ディ バサル　スネン

【得々情報】
インドネシアのバス事情

　インドネシアのバスは、現地の知り合いなどが一緒であればいいのですが、日本人だけで利用することは安全上おすすめしません。日本から仕事などで赴任したり出張したりする方々は、会社からバスを含め公共の乗り物に乗ることを禁止されていると聞きます。

　もしどうしても乗ってみたいという人のためにキーワードを紹介しておきます。「止まってください。」は左に車を寄せるという意味から"Kiri.(キリ)"（左）。"Mundur, mundur!(ムゥンドゥル ムゥンドゥル)"は「後ろへ下がってください」。"Geser, Geser!(ゲセル ゲセル)"は「横につめてください」と言います。

　市内バス(bus/bis ブス／ビス)は、２階だてのベンツが主流で、料金は車掌（コンダクトゥル）が集めます。ちょっと乗ってみたくなりますが、エアコンもなく、ルートも複雑で回り道が多く時間もかかります。集団スリに遭う危険もあるので避けましょう。

　日本に比べるとタクシー料金が安いので、タクシーを利用した方が安全で快適です。都市によって多少異なりますが、初乗り２０００ルピア＝約３５円程度です。

　都市間の移動には長距離バスがおすすめです。料金の高い予約制のバスは、リクライニングシートでエアコンがついています。ひとり旅でタクシーのチャーターが高いと思われる場合には、利用してみるのもよいでしょう。

　近接する都市へ向かうバスを利用する場合には、大通りの停留所からでも乗せてもらえます。確実に座席を確保したいなら、直接バスターミナルまで行って乗りましょう。バスターミナルから出ている長距離バスは、普通、予約なしで、人数が定員に達したら出発するシステムになっています。

　夜行バス(bis malam ビス マラム)に乗るには予約が必要です。夜行バスに乗ると、トイレ休憩をかねて夜と明け方に沿線の食堂に停車して食事をとりますが、その場合決して貴重品をバスに残さないことはもちろん、乗車中もかばんの中に財布を入れたりせず、肌身離さず身につけておく方が無難です。バス１台乗客全員がスリにあったという信じがたい話も聞きます。

そのまま使えるインドネシア語会話 トラベル編

3 ホテルで
①チェックイン

日：チェックインをしたいのですが。

Saya mau cek in sekarang.
サヤ　マウ　チェッ(ク) イン　スカらん

私の名前は田中一郎です。

Nama saya Tanaka Ichiro.
ナマ　サヤ　タナカ　イチロー

日本から予約しています。

Saya sudah pesan dari Jepang.
サヤ　スゥダ(ハ)　プサン　ダリ　ジュパん

イ：この用紙にご記入願います。

Tolong isi formulir ini.
トろん　イスィ フォルムゥリル　イニ

パスポートを見せていただけますか？

Boleh saya lihat paspor Anda?
ボレ(ヘ)　サヤ　りハッ(ト) パスポル　アンダ

日：眺めの良い部屋を希望します。

Saya harap di kamar yang bagus
サヤ　ハラッ(プ) ディ カマル　ヤん　バグゥス

pemandangannya.
プマンダ(ン)ガンニャ

日：クレジットカードは使えますか？

Bisa pakai kartu kredit?
ビサ　　パカイ　　カルトゥ　　クレディッ(ト)

イ：はい使えます。

Ya, bisa.
ヤー　ビサ

日：部屋に荷物を運んでください。

Tolong angkat barang-barang
トろン　　　アンカッ(ト)　　バらン　　　バらン

saya ke kamar.
サヤ　ク　カマル

これは私が自分で持っていきます。

Ini saya bawa sendiri.
イニ　サヤ　バワ　スンディリ

観光リゾートとして人気の高いインドネシア。特にバリ島にはいろいろな高級リゾートホテルがそろっている。写真はメリア・プロサニホテル。

そのまま使えるインドネシア語会話トラベル編

②部屋から電話をかける

日：国際電話をかけたいのですが。

Saya mau telepon internasional.
サヤ　マウ　テレポン　イントゥルナスィオナる

イ：どこの国におかけですか？

Ke negara mana?
ク　ヌガラ　マナ

日：日本です。

Ke Jepang.
ク　ジュパん

イ：電話番号をお願いします。

Tolong sebutkan nomornya.
トろん　スブッ(ト)カン　ノモルニャ

・・・・・・・・・・・・・・・・・・・・・・・

日：外へ電話をかけたいのですが。どうすればいいですか？

Saya mau telepon ke luar. Bagaimana caranya?
サヤ　マウ　テレポン　ク　るゥアル　バガイマナ　チャラニャ

イ：0を押してから、電話番号を押してください。

Tekan nol dulu, lalu nomor teleponnya.
トゥカン　ノる　ドゥるゥ　らるゥ　ノモル　テレポンニャ

日：市外電話もかけられますか？

Bisa telepon interlokal?
ビサ　テレポン　イントゥルろカる

③部屋で

●ここの電気はどうやってつければいいのですか？

Bagaimana cara hidupkan (=nyalakan) lampu di sini?
バガイマナ　チャラ　ヒドゥッ(プ)カン　(ニャらカン)　らムプゥ　ディ　スィニ

●（ノックされて）はい、どなたですか？

Ya, siapa?
ヤー　スィアパ

●お飲物をお持ちしました。

Saya bawa minumannya.
サヤ　バワ　ミヌゥマンニャ

●ちょっと待ってください。

Tunggu sebentar.
トゥングゥ　スブンタル

●どうぞお入りください。

Silakan masuk.
スィらカン　マスッ(ク)

●ルームサービスをお願いできますか？

Bisa minta pelayanan kamar?
ビサ　ミンタ　プらヤナン　カマル

●どうもありがとうございます。

Terima kasih banyak.
トゥリマ　カスィ(ヒ)　バニャッ(ク)

そのまま使えるインドネシア語会話トラベル編

ホテルで

④ 朝食

●朝食は何時からですか？

Makan paginya dari jam berapa?
マカン　　　パギニャ　　　　ダリ　　ジャム　　ブラパ

●食堂は何階ですか？

Ruang makannya di lantai berapa?
ルゥアン　　マカンニャ　　　　ディ　ランタイ　　ブラパ

・・・・・・・・・・・・・・・・・・・・・・・

イ：お飲物は？コーヒーがお好きですかそれとも紅茶ですか？

Minumannya? Suka kopi atau teh?
ミヌゥマンニャ　　　　　スゥカ　　コピ　　アトウ　　テ(ヘ)

日：コーヒーをお願いします。

Minta kopi.
ミンタ　　コピ

イ：コーヒーは今がよろしいですか？それともあとがよろしいですか？

Kopinya sekarang atau nanti saja?
コピニャ　　　スカラン　　　アトウ　　ナンティ　サジャ

日：今お願いします（あとで結構です）。

Sekarang saja (Nanti saja).
スカラン　　　　　サジャ　（ナンティ　サジャ）

パンをもっといただけますか？

Bisa minta roti lagi?
ビサ　　ミンタ　　ロティ　ラギ

⑤各種サービス

●クリーニングをお願いします。

Saya minta pakaian ini dicuci.
サヤ　　ミンタ　　パカイアン　　イニ　ディチュチ

●いつ仕上がりますか？

Kapan selesainya?
カパン　　スるサイニャ

●明日の朝までに仕上げてほしいのですが。

Saya minta besok pagi sudah jadi.
サヤ　　ミンタ　　ベソッ(ク)　バギ　スゥダ(ハ)　ジャディ

●日本にファックスを送りたいのですが。

Saya mau kirim faksimili ke Jepang.
サヤ　マウ　キリム　ファクスィミリ　ク　ジュパん

●私あてに何か伝言はありましたか？

Apakah ada pesan untuk saya?
アパカ(ハ)　アダ　プサン　ウントゥッ(ク) サヤ

●この葉書を日本へ出していただけますか？

Bisa minta kirimkan kartu pos ini
ビサ　ミンタ　　キリムカン　　カルトゥ　ポス　イニ

ke Jepang?
ク　　ジュパん

⑥苦情・トラブル

●水（お湯）が出ません。

Airnya (Air panasnya) tidak keluar.

アイルニャ（アイル パナスニャ） ティダッ（ク）クるゥアル

●部屋に鍵を置き忘れました。

Saya lupa kunci di kamar.

サヤ るゥパ クゥンチ ディ カマル

●すみません、鍵をなくしてしまいました。

Maaf, kuncinya hilang.

マアフ クゥンチニャ ヒらん

●テレビ（エアコン）がつきません。

TVnya (ACnya) tidak hidup.

ティーフィーニャ（アーセーニャ） ティダッ（ク） ヒドゥッ（プ）

●電話が故障しています。

Teleponnya rusak.

テレポンニャ ルゥサッ（ク）

●エアコンの調節はどうすればよいのですか？

Bagaimana cara mengatur ACnya?

バガイマナ チャラ ム（ン）ガトゥル アーセーニャ

●部屋を替えていただきたいのですが。

Saya minta kamarnya diganti.

サヤ ミンタ カマルニャ ディガンティ

● 先程ルームサービスをお願いしたのですが、まだきません。

Tadi saya sudah minta pelayanan kamar,
タディ サヤ スゥダ(ハ) ミンタ ブらヤナン カマル

tapi orangnya belum datang.
タピ オらんニャ ブぅム ダタん

● このカードはどのように使えばいいのですか？

Kartu ini bagaiman cara pakainya?
カルトゥ イニ バガイマナ チャラ パカイニャ

●注意ポイント ～ホテルの苦情・トラブル～

　4つ星の高級ホテルでも、施設が古いとエアコンの効きが悪かったり、調節がきかないといったことがあります。まず部屋に入ったら、荷物を開く前に一通り設備をチェックして、2つ以上駄目なら修理を依頼するよりも部屋を替えてもらう方が簡単です。
「～なので部屋を替えてください。」は、karena カルナ(～なので)を使います。

エアコンの調節ができないので部屋を替えてください。
Saya minta diganti kamarnya karena ACnya tidak bisa diatur.
サヤ ミンタ ディガンティ カマルニャ カルナ アーセーニャ ティダッ(ク) ビサ ディアトゥル

トイレが詰まっているので部屋を替えてください。
Saya minta diganti kamarnya karena toiletnya tersembat.
サヤ ミンタ ディガンティ カマルニャ カルナ トイレッ(ト)ニャ トゥルスムバッ(ト)

隣の部屋がとても騒がしいので部屋を替えてください。
Saya minta diganti kamarnya karena kamar sebelahnya ribut sekali. サヤ ミンタ ディガンティ カマルニャ カルナ カマル スブら(ハ)ニャ リブッ(ト) スカリ

そのまま使えるインドネシア語会話 トラベル編

⑦役立つ情報

●無料の市街地図はありますか？

Apakah ada peta dalam kota
アパカ(ハ)　アダ　プタ　ダらム　コタ

yang gratis ?
ヤん　グラティス

●これをひとついただいてもよろしいですか？

Boleh minta ini satu?
ボれ(ヘ)　ミンタ　イニ　サトゥ

●郵便局はどこですか？

Di mana kantor pos?
ディ　マナ　カントル　ポス

●歩いていけますか？

Bisa jalan kaki?
ビサ　ジャらン　カキ

●この地図で教えてくださいますか？

Bisa tunjukkan dalam peta ini?
ビサ　トゥンジュッカン　ダらム　プタ　イニ

●印をつけてください。

Tolong kasih tandanya.
トろん　カスィ(ヒ)　タンダニャ

●今夜この辺りで踊りの公演はありますか？

Malam ini ada pertunjukan tari-tarian
マラム　　イニ　アダ　　プルトゥンジュカン　　　タリタリアン

di sekitar sini?
ディ スキタル　　スィニ

●今夜のバロン・ダンスの公演の場所はどこですか？

Di mana tempat pertunjukan
ディ　マナ　　　トゥムパッ(ト)　プルトゥンジュカン

tari Barong malam ini?
タリ　バロん　　マらム　　イニ

●観光ツアーの予約をここでできますか？

Di sini bisa pesan tur pariwisata?
ディ スィニ ビサ　　プサン　　トール パリウィサタ

●この近くに公衆電話はありますか？

Apakah ada telepon umum di dekat sini?
アパカ(ハ)　　アダ　　テれポン　　　ウムゥム　　ディ デカッ(ト) スィニ

●ここから一番近いバス停はどこですか？

Di mana halte bis yang terdekat
ディ マナ　　　はるトゥ　ビス　ヤん　　　トゥルドゥカッ(ト)

dari sini?
ダリ　スィニ

●ここから空港バスの予約はできますか？

Dari sini bisa pesan bis bandara?
ダリ　　スィニ ビサ　　プサン　　ビス　バンダラ

そのまま使えるインドネシア語会話トラベル編

⑧チェックアウト

●チェックアウトをお願いします。

Saya minta cek out sekarang.
サヤ　ミンタ　チェッ(ク) アウ(ト) スカラん

●計算が間違っているようですが。

Saya kira perhitungannya salah.
サヤ　キラ　プルヒトゥ(ン)ガンニャ　サら(ハ)

●クレジットカード（トラベラーズチェック）で払えますか？

Bisa bayar dengan kartu
ビサ　バヤル　ドゥ(ン)ガン　カルトゥ

kredit (cek turis)?
クレディッ(ト)（チェッ(ク) トゥリス）

●3日間この荷物をこちらで預かっていただけますか？

Apa bisa titipkan barang di sini selama
アパ　ビサ　ティティ(プ)カン　バラん　ディ　スィニ　スらマ

tiga hari?
ティガ　ハリ

【得々情報】
インドネシアのホテル事情

　4〜5つ星のホテルの料金は、ほとんどがドル建てでホテル独自の為替レートを適用しています。そのためルピアで換算して払うと大損になります。

　また空港の政府観光局窓口で、頭金を支払って予約するとかなり安く（3分の1くらい安く）予約できるとすすめられますが、ここで支払う頭金は観光局の職員に対する手数料のようなものです。タクシーの運転手もホテルにお客を案内すると、わずかながら手数料がもらえるようです。

　確かに外国人が直接ホテルへ行くとドル建ての高い料金を要求されますが、"Tidak ada diskonnya?（ティダッ(ク) アダ ディスコンニャ）"「割引はないんですか？」などと確認してみると安くしてくれることもあります。空港で予約しなかった場合には、インドネシア人の知り合いの名前で予約をとってもらうと安く予約できるようです。

　ホテルの中でも、円をルピアに両替できます。一般的にホテルよりも銀行、銀行よりもマネーチェンジャーの方がレートがよいです。特にホテルの交換レートはちゃんと確認してから両替しないと、桁外れに円が安かったりします。

　またホテルの部屋から電話をかけると、公衆電話よりかなり割高になります。タクシーをチャーターしたり、マリンスポーツなどのツアーの予約をとるのも、ホテルを通じて頼むとその分手数料がかかります。

　チェックアウトは通常12時までですが、ロビーで荷物を預かってもらうこともできます。"Bisa titipkan barang ini sampai jam 5?（ビサ ティティップカン バラン イニ サムパイ ジャム リマ）"「5時までこの荷物を預けることはできますか？」と聞いてみましょう。

　基本的に貴重品はもちろん、なくなって困るものは、部屋を離れる時は必ずスーツケースなどにしまい鍵をかけておきましょう。4〜5つ星のホテルであれば、現金はチェックインと同時にセイフティーボックスに入れて、必要なだけ出すようにするとよいでしょう。安宿に泊まっている場合には荷物ごとなくなることもあるので、大切なものは体から離さないようにしましょう。またホテルの中にはセイフティーボックスも危ないところがあるので注意が必要です。

　チップに関しては特に決まりはありません。ほとんどの人が用事を頼んだりした場合には、それなりの額を払っているようです。

4 レストランで
①電話で予約

日：もしもし、席を予約したいのですが。

Halo, saya mau pesan tempat.
ハロー　サヤ　マウ　プサン　トゥムパッ(ト)

イ：いつのご予約ですか？

Untuk Kapan?
ウントゥッ(ク) カパン

日：今週の金曜日夕方6時、2人なんですが。

Hari Jumat minggu ini jam 6 sore,
ハリ　ジュマッ(ト)　ミングゥ　イニ　ジャム ウナム ソレ

untuk 2 orang.
ウントゥッ(ク) ドゥア オラん

イ：お名前を伺ってよろしいですか。

Atas nama siapa?
アタス　ナマ　スィアパ

日：大野優子の名前でお願いします。

Atas nama Yuko Ono.
アタス　ナマ　ユーコ　オーノ

イ：承知いたしました。お越しをお待ちいたしております。

Baik. Kami menunggu kedatangannya.
バイッ(ク) カミ　ムヌゥんグゥ　クダタ(ン)ガンニャ

日：今日は何時まで開いていますか？

Hari ini buka sampai jam berapa?
ハリ　イニ　ブゥカ　サムパイ　ジャム　ブラパ

イ：11時までです。

Sampai jam 11.
サムパイ　ジャム　スプらス

日：今夜、まだ席は空いていますか？

Malam ini masih ada tempat duduk?
マらム　イニ　マスィ(ヒ)　アダ　トゥムパッ(ト)　ドゥドゥッ(ク)

イ：あいにく今夜は満席です。

Mohon maaf, malam ini sedang penuh.
モホン　マアフ　マらム　イニ　スダん　プヌゥ(フ)

・・・・・・・・・・・・・・・・・・・・・・

●ひとり当たりの費用はいくらくらいですか？

Kira-kira berapa biaya untuk satu orang?
キラ　キラ　ブラパ　ビアヤ　ウントゥッ(ク)　サトゥ　オらん

●すみません、明日の夜の予約を取り消したいのですが。

Maaf, saya mau batalkan pesan
マアフ　サヤ　マウ　バタるカン　プサン

untuk besok malam.
ウントゥッ(ク)　ベソッ(ク)　マらム

②レストランの受付で

イ：おひとりですか？

Satu orang?
サトゥ　オラん

日：いいえ、3人です。ここで友人と会う約束をしています。

Tidak, kami bertiga.
ティダッ(ク)　カミ　ブルティガ

Saya sudah janji bertemu dengan teman saya di sini.
サヤ　スゥダ(ハ)　ジャンジ　ブルトゥムゥ　ドゥ(ン)ガン　トゥマン
サヤ　ディ　スィニ

田中の名前で予約をしています。

Kami sudah pesan atas nama Tanaka.
カミ　スゥダ(ハ)　ブサン　アタス　ナマ　タナカ

イ：お連れ様はまだです。

Teman Anda belum datang.
トゥマン　アンダ　ブルゥム　ダタン

どうぞおかけになってお待ちください。

Silakan tunggu sambil duduk.
スィらカン　トゥングゥ　サムビる　ドゥドゥッ(ク)

・・・・・・・・・・・・・・・・・・・・・・・・・・・・

●どのくらい待ちますか？

Kira-kira berapa lama harus tunggu?
キラ　キラ　ブラパ　らマ　ハルゥス　トゥングゥ

③オーダーする

●何を注文なさいますか？

Mau pesan apa?
マウ　プサン　アパ

●メニューを見せていただけますか？

Bisa lihat daftar makanan (=menu)?
ビサ　リハッ(ト)　ダフタル　マカナン　　　（メヌゥ）

●こちらでは何がおいしいのですか？

Apa yang enak di sini?
アパ　ヤん　エナッ(ク)　ディ　スィニ

●（隣のテーブルの料理を指さして）あれと同じものをください。

Minta yang sama dengan itu.
ミンタ　ヤん　サマ　ドゥ(ン)ガン　イトゥ

●これはどういう料理ですか？

Ini masakan yang bagaimana?
イニ　マサカン　ヤん　バガイマナ

●これは辛いですか？

Ini pedas?
イニ　プダス

●小さいスプーン（フォーク）と取り皿を2つずつください。

Minta sendok kecil (garpu) dan piring
ミンタ　センドッ(ク)　クチる　（ガルプゥ）　ダン　ピりん

masing-masing dua.
マスィん　マスィん　ドゥア

【得々情報】
インドネシアの食事事情

レストランで

●氷に気をつける

　暑い場所ではつい冷たい飲み物が欲しくなります。チョコレートシロップの入ったアボカドジュースやパパイヤとバナナのミックスジュースなどは美味しくておすすめですが、体調によっては氷や生野菜には気をつけた方が無難です。もしお腹を壊してしまったら、ためらわずにクラリスなど強めの抗生物質（日本から持参していくのが望ましい）を飲むのが効果的です。

　もし氷を避けたい場合は「エス テ（Es teh）」（アイスティー）ではなく、「テ パナス（Teh panas）」（ホットティー）を頼むか、ジュースを頼む場合でも "Tidak pakai es, ya.（ティダッ（ク）パカイ エス ヤ）"「氷を入れないでくださいね。」と頼んでおきましょう。

●辛いのが苦手な人は…

　焼きそば、ガドガド（甘辛いピーナツソースのかかったサラダ）、サテ（とり肉、牛肉、山羊肉などの串焼き）のソースなどの辛さはある程度調節できます。辛いのが苦手な人は "Jangan pedas-pedas, ya.（ジャ（ン）ガン プダスプダス ヤ）"「あまり辛くしないでください」と注文の時に頼むとよいでしょう。ガドガドのソースなどは全く唐辛子抜きにはできないので、ある程度辛い味付けになってしまいます。チャーハンなどは "Jangan pakai cabe, ya.（ジャン（ガ）ン パカイ チャベ ヤ）"「唐辛子を使わないでください。」といっておけば大丈夫です。

●甘い飲み物が苦手な人は…

　一般的にジャワで出されるお茶やコーヒーは大変甘いのが特徴です。グラス一杯に食用スプーン山いっぱいくらい入れるのが普通です。もし甘いのが苦手な人は "Gulanya sedekit saja, ya.（グゥらニャ スディキッ（ト）サジャ ヤ）"「砂糖は少しだけにしてくださいね。」"Jangan pakai gula, ya.（ジャ（ン）ガン パカイ グゥら ヤ）"「砂糖は入れないでくださいね。」と頼んでみましょう。

●持ち帰りたい場合は…

　インドネシアでは残った料理を包んで持ち帰るのが一般的です。"Ini bisa dibungkus?（イニ ビサ ディブゥンクゥス）"「これ包んでいただけますか？」と遠慮なく言ってみましょう。

④支払い

● お勘定をお願いします。

　Minta bon.
　ミンタ　ボン

● これは何の料金ですか？

　Ini ongkos apa ?
　イニ　オンコス　アパ

●（私たちは）これは食べていません。

　Kami tidak makan ini.
　カミ　ティダッ(ク)　マカン　イニ

● このカードは使えますか？

　Bisa pakai kartu ini?
　ビサ　パカイ　カルトゥ　イニ

● 領収書をください。

　Minta kuitansinya.
　ミンタ　クゥイタンスィニャ

● 今日は私がご馳走します。

　Hari ini saya mau traktir.
　ハリ　イニ　サヤ　マウ　トゥラクティル

● 割り勘にしましょうね。

　Bayar sendiri-sendiri saja, ya.
　バヤル　スンディリ　スンディリ　サジャ　ヤ

そのまま使えるインドネシア語会話トラベル編

5 ショッピング
①ショッピング情報を得る

● この近くにスーパーマーケット（市場／デパート）はありますか？

Dekat sini ada toko swalayan
ドゥカッ(ト) スィニ アダ トコ スワらヤン

(pasar/toserba)?
（パサル トスルバ）

● ショッピング街はどこですか？

Di mana pusat perbelanjaannya?
ディ マナ プサッ(ト) プルブらンジャアンニャ

● おみやげがたくさんある店はどこですか？

Di mana toko yang banyak oleh-oleh?
ディ マナ トコ ヤん バニャッ(ク) オれ(ヘ) オれ(ヘ)

● 銀細工（ジャワ更紗）を買うには、どこに行けばよいでしょうか？

Kalau mau beli kerajinan perak
カろウ マウ ブリ クラジナン ペラッ(ク)

(kain batik), bisa cari di mana?
（カイン バティッ(ク)）ビサ チャリ ディ マナ

● フィルムを売っている店はどこですか？

Di mana toko yang jual film?
ディ マナ トコ ヤん ジュアる フィらム

●その店は何時から何時まで開いていますか？

Toko itu buka dari jam berapa
トコ　　イトゥ　ブカ　　ダリ　　ジャム　ブラパ

sampai jam berapa?
サムパイ　　ジャム　ブラパ

●その店は今まだ開いていますか？

Toko itu masih buka sekarang?
トコ　　イトゥ　マスィ(ヒ)　ブカ　　スカラん

●免税店はありますか？

Ada toko bebas pajak?
アダ　　トコ　　　ベバス　　　パジャッ(ク)

●この地方特有のおみやげは何ですか？

Apa oleh-oleh khas daerah ini?
アパ　　オれ(ヘ)オれ(ヘ)ハス　　ダエラ(ハ)　　イニ

●それはどこで買えますか？

Itu bisa beli di mana?
イトゥ　ビサ　　ブリ　　ディ　マナ

●ここから遠いですか？

Jauh dari sini?
ジャウ(フ)　ダリ　　スィニ

そのまま使えるインドネシア語会話トラベル編

②素材・サイズ・色選び

ショッピング

日：これは素材は何ですか？

　　Ini bahannya apa?
　　イニ　バハンニャ　　　　アパ

イ：綿（レーヨン）です。

　　Katun (Rayon).
　　カトゥン　　（ラヨン）

日：シルクのものはありますか？

　　Ada yang dari sutera?
　　アダ　ヤん　　ダリ　スゥトゥラ

イ：はい、こちらがシルクでできたものです。

　　Ya, ini yang dari sutera.
　　ヤー　イニ　ヤん　ダリ　スゥトゥラ

日：試着してもいいですか？

　　Boleh saya coba?
　　ボれ（へ）　サヤ　チョバ

イ：ええ、いいですよ。試着室はあちらです。

　　Ya, silakan. Kamar pasnya di sana.
　　ヤー　スィらカン　カマル　パスニャ　ディ　サナ

イ：いかがですか？合いますか？

　　Bagaimana? Cocok?
　　バガイマナ　　　　チョチョッ（ク）

● サイズが合いません。小さすぎます。

Ukurannya tidak cocok(=pas). Terlalu kecil bagi saya.
ウクゥランニャ ティダッ(ク) チョチョッ(ク)(パス) トゥルらるゥ クチる バギ サヤ

● もっと大きいのはありますか？

Ada yang lebih besar?
アダ ヤん るビ(ヒ) ブサル

● このデザインで他の色はありますか？

Ada yang modelnya ini, tapi
アダ ヤん モデルニャ イニ タピ

warnanya lain?
ワルナニャ らイン

● 赤いのがほしいのですが。

Saya mau yang merah.
サヤ マウ ヤん メラ(ハ)

● もっと地味（派手）なのはありますか？

Ada warna yang lebih
アダ ワルナ ヤん るビ(ヒ)

sederhana (mencolok=menyolok)?
スドゥルハナ （ムンチョロッ(ク) ムニョロッ(ク)）

③値段を尋ねる／値切る

日：値段はいくらですか？

Berapa harganya?
ブラパ　　　ハルガニャ

イ：千5百（ルピア）です。

Seribu lima ratus.
スリブゥ　　　リマ　　　ラトゥス

日：私には高すぎます。

Terlalu mahal bagi saya.
トゥルらるゥ　マハる　　バギ　　サヤ

まけてもらえませんか？

Bisa kurang?
ビサ　　　クゥらん

イ：たくさんお買いになればおまけしましょう。

Kalau beli banyak, saya kasih murah.
カろウ　　ブリ　　バニャッ(ク)　サヤ　　カスィ(ヒ)　ムゥラ(ハ)

日：3つ買うと3千にしてもらえますか？

Kalau beli tiga, bisa tiga ribu?
カろウ　　ブリ　ティガ　ビサ　　　ティガ　　リブゥ

イ：できません。

　　Tidak bisa.
　　ティダッ(ク) ビサ

　３つで３千５百です。

　　Tiga, tiga ribu lima ratus(=tiga setengah).
　　ティガ　　ティガ　リブゥ　リマ　　ラトゥス　　（ティガ ストゥ(ン) ガ(ハ)）

日：わかりました。３つください。

　　Baik, minta tiga.
　　バイッ(ク) ミンタ　　ティガ

・・・・・・・・・・・・・・・・・・・・・・・・・・・・・

●日本円（ドル）で払うことができますか？

　Bisa bayar dengan yen Jepang (dolar)?
　ビサ　　バヤル　ドゥ(ン)ガン　イェン　ジュパん　　（ドらル）

●VISAカードを使うことができますか？

　Bisa pakai kartu VISA?
　ビサ　　パカイ　　カルトゥ　フィサ

●支払いはこちらで、品物はあちらで受け取ってください。

　Bayarnya di sini, dan silakan terima
　バヤルニャ　　　ディ スィニ　ダン　スィらカン　　トゥリマ

　barangnya di sana.
　バラんニャ　　　ディ サナ

ショッピング

④交換・返品・注文・配送の依頼

●昨日ここでこれを買いましたが、縫製がよくありません。

Kemarin saya beli ini di sini,
クマリン　　サヤ　　ブリ　　イニ　ディ スィニ

tapi jahitannya tidak bagus.
タピ　ジャヒタンニャ　　ティダッ(ク) バグゥス

●交換してもらえませんか？

Bisa ditukar?
ビサ　　ディトゥカル

●さっきこれを買ったのですが、ここに傷がありました。

Tadi saya beli ini, tapi ada cacat di sini.
タディ　サヤ　　ブリ　イニ　タピ　アダ　チャチャッ(ト) ディ スィニ

●返品できますか？

Bisa dikembalikan?
ビサ　　ディクムバリカン

●この本を注文できますか？

Bisa pesan buku ini?
ビサ　　ブサン　　ブゥクゥ　イニ

●どれくらい時間がかかりますか？

Makan waktu kira-kira berapa lama?
マカン　　ワクトゥ　　キラ　キラ　　ブラパ　　　ラマ

●この住所に送っていただけますか？

Bisa kirimkan ke alamat ini?
ビサ　　キリムカン　　ク　アらマッ(ト)　イニ

【得々情報】
インドネシアの特産品

そのまま使えるインドネシア語会話トラベル編

　インドネシアの特産の工芸品は実にたくさんあります。世界的に有名なのがBatik［バティッ(ク)］と呼ばれるろうけつ染めの布です。インドネシアでは、腰に巻く衣装として一般的ですが、子供を抱っこする時に使ったり、荷物を包んだりと、その用途は多様です。シーツやバスローブにも使えるので、旅行中にひとつもっておくと大変便利です。シャツやパンツに仕立てられたものも売られています。バティックは地方によって模様に特色があり、中部ジャワのジョグジャカルタやソロ、ジャワ北岸のプカロガンなどのものが有名です。

　また、銀製品も多くみられ、産地としてはバリのチュルクやジョグジャカルタ郊外のコタグデが有名です。細かい手作業で作られたアクセサリーや置物が安価で購入できます。

　そのほかにも、木彫りの人形や置物、籐製品や織物、革細工など、それぞれの地方に独自の特産品があります。

　購入するときに注意したいことがあります。インドネシアでは、デパートやスーパーマーケットなどを除き、「定価」がない場合が多いので、店員が要求する値段をそのまま払う必要はありません。ですからまずは値切ってみることです。インドネシアの人々は、店先での値段交渉にじっくり時間をかけます。お客さんもお店の人もこれを楽しんでいるのです。相場が分からない場合は、店員の最初の言い値の半額くらいから交渉を始めるとよいでしょう。

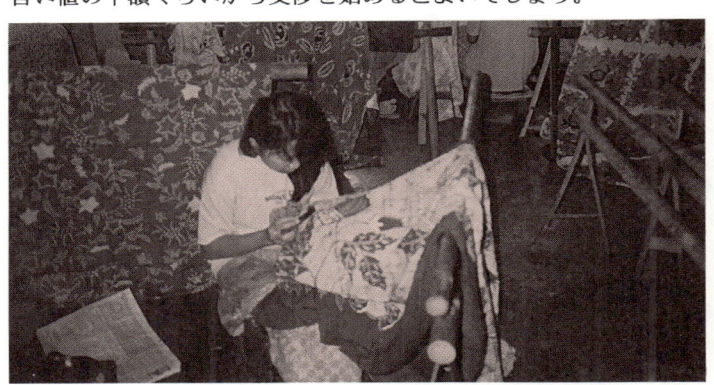

手描きバティックは細かな手作業の中から生み出される。手描きのものは値ははるがプリントのバティッなら安い。シーツやバスローブにも使えるので、ひとつもっておくと大変便利だ

6 トラブル&病気
①交通事故にまきこまれる

[1] 警察・救急車を呼ぶ

●私は車（バイク）にはねられました。

Saya ditabrak mobil (sepeda motor).
サヤ　ディタブラッ(ク)　モビる　（スペダ　モトル）

●警察を呼んでください。

Tolong panggilkan polisi.
トろん　　　パンギるカン　　　ポリスィ

●私は大丈夫です。

Saya tidak apa-apa.
サヤ　　ティダッ(ク) アパ アパ

●友人がけがをしています。

Teman saya terluka.
トゥマン　　サヤ　　トゥルるウカ

●救急車を呼んでください。

Tolong panggilkan ambulans.
トろん　　　パンギるカン　　　アムブゥランス

●彼を病院へ連れていってください。

Tolong bawa dia ke rumah sakit.
トろん　　バワ　　ディア　ク　ルゥマ(ハ)　サキッ(ト)

●急いでください。

Tolong cepat-cepat.
トろん　　　チュパッ(ト) チュパッ(ト)

[2] 警察・病院で

● 私のミスではなく彼のミスです。

Bukan salah saya tapi salah dia.
ブカン　サら(ハ)　サヤ　タピ　サら(ハ)　ディア

● 事故証明書を作成してほしいのですが。

Tolong buatkan surat Keterangan kecelakaan.
トろん　ブゥアッ(ト)カン　スゥラッ(ト)　クトゥラ(ン)ガン　クチュらカアン
(*インドネシア語では証明書ではなく説明書を使うのが普通。)

● レンタカー会社に連絡してください。

Tolong beritahukan ke kantor
トろん　ブリタウカン　ク　カントル

penyewaan mobil.
プニェワアン　モビる

● 診断書を作成してください。

Tolong buatkan surat keterangan dokter.
トろん　ブゥアッ(ト)カン　スゥラッ(ト)　クトゥラ(ン)ガン　ド(ク)トゥル

● 治療費領収書をください。

Minta kuitansi untuk biaya pengobatan.
ミンタ　クゥイタンスィ　ウントゥッ(ク)　ビアヤ　プ(ン)ゴバタン

● この用紙にサインしてください。

Tolong tandatangan(=teken) pada formulir ini.
トろん　タンダタ(ン)ガン　(テクン)　パダ　フォるムゥりル　イニ

トラブル&病気

●あなたの名前と住所を教えてください。

Tolong kasih tahu nama dan alamat Anda.
トろん　　　カスィ(ヒ)　タウ　　ナマ　　　ダン　　アらマッ(ト)　アンダ

●申し訳ありませんでした。

Saya minta maaf.
サヤ　　ミンタ　　　マアフ

●助けていただいてありがとうございました。

Terima kasih atas bantuannya.
トゥリマ　　　カスィ(ヒ)　アタス　　バントゥアンニャ

[KEY WORDS]

Tolong!	トろん	助けてー！
Sakit!	サキッ(ト)	痛い！
Pencuri!	プンチュリ	ドロボー！
Tangkap dia!	タンカッ(プ)ディア	彼(女)を捕まえて！
Hentikan!	フンティカン	やめなさい！
Keluar!	クルゥアル	出て行きなさい！
Buka!	ブゥカ	開けなさい！
Jangan!	ジャ(ン)ガン	やめて！
Jangan pegang!	ジャ(ン)ガン プガン	触らないで！
Awas!	アワス	気をつけて！／気をつけろ！
Hati-hati!	ハティ ハティ	気をつけて！
Tolong telepon ke nomor ini. トろん テレポン ク ノモル イニ		この番号へ電話してください。

②紛失・盗難の場合

[1] 電話で警察を呼ぶ

日：盗難にあいました。

Saya kecurian.
サヤ　　クチュリアン

すぐにこちらへ来ていただけますか？

Bisa segera datang ke sini?
ビサ　スグラ　　ダタん　　ク　スィニ

イ：住所はどちらですか？

Di mana alamatnya?
ディ　マナ　　　アらマッ(ト)ニャ

日：ガジャマダ通り50番地の303号室です。

Di jalan Gajahmada nomor 50,
ディ　ジャらン　ガジャ(ハ)マダ　　ノモル　　リマ プゥるゥ(フ)

kamar 303.
カマル　　ティガ ノる (=コソん) ティガ

●注意ポイント

～日の言い方

~hari yang lalu	(ハリ やん らるゥ)	～日前
kemarin dulu	(クマリン ドゥるゥ)	おととい
kemarin	(クマリン)	昨日
hari ini	(ハリ イニ)	今日
besok	(ベソッ (ク))	明日
lusa	(るゥサ)	あさって
~hari yang akan datang	(ハリ やん アカン ダタん)	～日後

そのまま使えるインドネシア語会話トラベル編

[2] 置き忘れ

日：さっきレストランにバッグを置き忘れました。

Tadi saya ketinggalan tas di restoran.
タディ　サヤ　クティンガラン　タス　ディ　レストラン

すぐに探してください。

Tolong carikan dengan segera.
トろン　チャリカン　ドゥ(ン)ガン　スグラ

イ：お席はどの辺りでしたか？

Tadi Anda duduk di mana?
タディ　アンダ　ドゥドゥッ(ク)　ディ　マナ

日：入り口の近くでした。

Di dekat pintu masuk.
ディ　ドゥカッ(ト)　ピントゥ　マスゥッ(ク)

イ：どんなバッグですか？

Tasnya yang bagaimana?
タスニャ　ヤん　バガイマナ

日：色は黒で、中ぐらいのサイズです。

Warnannya hitam, ukuran sedang.
ワルナニャ　ヒタム　ウクゥラン　スダん

イ：中身は何ですか？

Isinya apa?
イスィニャ　アパ

日：中身はパスポートと財布です。

Isinya paspor dan dompet.
イスィニャ　パスポル　ダン　ドムペット

[３] 紛失・盗難の届け出

●私の荷物がなくなりました。

Bagasi saya hilang.
バガスィ　サヤ　ヒらん

●財布をすられました。

Dompet saya dicopet.
ドムペッ(ト)　サヤ　ディチョペッ(ト)

●バッグをひったくられました。

Tas saya dijambret.
タス　サヤ　ディジャムブレッ(ト)

●警察署はどこですか？

Di mana kantor polisi?
ディ　マナ　カントル　ポリスィ

●紛失（盗難）説明書を作成していただけますか？

Bisa minta dibuatkan surat keterangan
ビサ　ミンタ　ディブゥアッ(ト)カン　スゥラッ(ト)　クトゥラ(ン)ガン

kehilangan (kecurian)?
クヒら(ン)ガン　（クチュリアン）

●見つかったらこの番号に電話をください。

Kalau ketemu, tolong telepon ke nomor ini.
カらウ　クトゥムゥ　トろん　テレポン　ク　ノモル　イニ

●ここに５月２日まで滞在します。

Saya tinggal di sini sampai tanggal dua Mei.
サヤ　ティんがる　ディ　スィニ　サムパイ　タンガる　ドゥア　メイ

③病気・怪我の時

[1] 医者を呼ぶ

●この近くに病院(薬局)はありますか？

Ada rumah sakit (apotik) di dekat sini?
アダ　ルゥマ(ハ)　サキッ(ト)(アポティック)　ディ　ドゥカッ(ト)　スィニ

●(日本語の話せる)医師を呼んでください。

Tolong panggilkan
トろん　　ぱンギるカン

dokter (yang bisa berbahasa Jepang).
ドクトゥる　(ヤん　ビサ　ブルバハサ　ジュパん)

●救急のある病院はどこですか？

Di mana rumah sakit yang ada bagian
ディ　マナ　ルゥマ(ハ)　サキッ(ト)　ヤん　アダ　バギアン

gawat-darurat?
ガワッ(ト)　ダルウラッ(ト)

●気分が悪いのですが。

Saya merasa tidak enak badan.
サヤ　ムラサ　ティダッ(ク)　エナッ(ク)　バダン

●妻は妊娠していて危険な状態です。

Isteri saya lagi hamil dan gawat.
イストゥリ　サヤ　らギ　ハミる　ダン　ガワッ(ト)

産婦人科医のところへ連れていってください。

Tolong bawa ke dokter bidan.
トろん　バワ　ク　ドクトゥる　ビダン

トラブル&病気

[2] 医師とのやりとり

イ：どこが痛みますか？

Mana yang sakit?
マナ　ヤん　サキッ(ト)

日：ここが痛いです。

Sini yang sakit.
スィニ　ヤん　サキッ(ト)

イ：その症状はいつからですか？

Sejak kapan gejala itu?
スジャッ(ク)　カパン　グジャら　イトゥ

日：昨夜からです。

Sejak tadi malam.
スジャッ(ク)　タディ　マらム

イ：アレルギーはありますか？

Punya alergi?
プゥニャ　アれルギー

日：はい、あります。／ありません。

Ya, saya punya alergi. / Tidak punya.
ヤー　サヤ　プゥニャ　アれルギー　ティダッ(ク)　プゥニャ

イ：血液型は何ですか？

Apa golongan darahnya?
アパ　ゴろ(ン)ガン　ダら(ハ)ニャ

日：O型です。

Golongan darah saya O.
ゴろ(ン)ガン　ダら(ハ)　サヤ　オー

トラブル&病気

[3] 医師に対して質問・お願い

●旅行を続けてもいいですか？

Boleh meneruskan perjalanan?
ボれ(へ)　ムヌルゥスカン　　　　プルジャラナン

●入院しなければなりませんか？

Harus saya masuk rumah sakit?
ハルゥス　　サヤ　　マスッ(ク)　ルゥマ(ハ)　サキッ(ト)

●薬を（多めに）ください。

Minta obat (agak banyak).
ミンタ　　　オバッ(ト)（アガッ(ク) バニャッ(ク)）

●処方箋を書いてください。

Tolong buatkan resep.
トろン　　　　ブゥアッ(ト)カン ルセッ(プ)

[4] 薬局で

●これが医者からの処方箋です。

Ini resep dari dokter.
イニ　ルセッ(プ)　ダリ　　ドクトゥル

●どのように飲むのですか？

Bagaimana cara minumnya?
バガイマナ　　　　　チャラ　　ミヌゥムニャ

④しつこくつきまとわれたら

- やめて！

  Jangan!

  ジャ(ン)ガン

- 私に近寄らないで。

  Jangan dekati saya.

  ジャ(ン)ガン　ドゥカティ　サヤ

- 警察を呼びますよ。

  Saya akan panggil polisi.

  サヤ　　アカン　　パンギる　　ポリスィ

- 私にもう電話をしないでください。

  Jangan telepon saya lagi.

  ジャ(ン)ガン　テレポン　　サヤ　　らギ

- 早くここから出ていってください。

  Cepat silakan keluar dari sini.

  チュパッ(ト)　スィらカン　　クるゥアル　ダリ　スィニ

- 興味がありません。

  Saya tidak tertarik.

  サヤ　　ティダッ(ク)　トゥルタリッ(ク)

- もう他の人と約束があります。

  Saya sudah ada janji dengan orang lain.

  サヤ　スゥダ(ハ)　アダ　ジャンジ　ドゥ(ン)ガン　オラん　　らイン

そのまま使えるインドネシア語会話トラベル編

7 観光する
①道を尋ねる

● この道の名前は何というのですか？

Apa nama jalan ini?
アパ　ナマ　ジャラン　イニ

● あれは何の建物ですか？

Itu gedung apa?
イトゥ　グドゥん　　アパ

● 私は今この地図の中でどこにいるのですか？

Sekarang saya ada di mana dalam peta ini?
スカラん　　サヤ　アダ　ディ マナ　ダラム　プタ　イニ

● どちらが北側ですか？

Mana sebelah utaranya?
マナ　スブら(ハ)　ウタラニャ

● ヒルトンホテルへの道を教えてください。

Tolong tunjukkan jalan ke Hotel Hilton.
トろん　　トゥンジュッカン　ジャラン　ク　ホテる　ヒるトン

● ここからワヤン博物館へは遠いですか？

Dari sini jauh ke Musium Wayang?
ダリ　スィニ　ジャウ(フ) ク　ムゥスィウム　ワヤん

● そこへ行くバスはありますか？

Ada bis ke sana?
アダ　ビス　ク　サナ

●どこがバス停ですか？

Di mana halte bisnya?
ディ マナ　　ハるトゥ　ビスニャ

●右側ですか左側ですか？

Sebelah kanan atau sebelah kiri?
スブら(ハ)　カナン　アトゥ　スブら(ハ)　キリ

●何か目印はありますか？

Ada tandanya?
アダ　タンダニャ

●このあたりに公衆トイレはありますか？

Ada toilet umum di sekitar sini?
アダ　トイれッ(ト)　ウムゥム　ディ スキタル　スィニ

●どこでワヤンオランを見ることができますか？

Di mana bisa nonton wayang orang?
ディ マナ　　ビサ　　ノントン　ワヤん　　オらん

●入場券はいくらですか？

Berapa karcis masuknya?
ブラパ　　カルチス　マスッ(ク)ニャ

●景色のよいところはどこですか？

Di mana tempat yang bagus pemandangannya?
ディ マナ　　トゥムパッ(ト)　ヤん　バグゥス
プマンダ(ン)ガンニャ

そのまま使えるインドネシア語会話 トラベル編

観光する

● 伝統衣装をレンタルして写真を撮ることができるのはどこですか？

Di mana bisa menyewa pakaian
ディ マナ ビサ ムニェワ パカイアン

tradisional dan ambil foto?
トゥラディスィオナル ダン アムビる フォト

・・・・・・・・・・・・・・・・・・・・・・・・・・

日：すみません、ちょっとお尋ねします。

Maaf, numpang tanya.
マアフ ヌゥムパん タニャ

日：観光局はどこにありますか？

Kantor pariwisata ada di mana?
カントル パリウィサタ アダ ディ マナ

イ：観光局は博物館の近くです。

Kantor pariwisata dekat musium.
カントル パリウィサタ ドゥカッ(ト) ムゥスィウム

日：ここから歩いていけますか？

Dari sini bisa jalan kaki?
ダリ スィニ ビサ ジャらン カキ

イ：ええ、まっすぐ500mほど行ったところです。

Ya, lurus saja kira-kira 500 meter.
ヤー るゥルゥス サジャ キラ キラ りマ ラトゥス メトゥル

②ツアーを予約する

● ここからはどのようなツアーがありますか？

Ada tur yang bagaimana dari sini?
アダ　トゥル　ヤん　バガイマナ　ダリ　スィニ

● リストはありますか？

Ada daftarnya?
アダ　ダフタルニャ

● このプロウ・スリブへのツアーはどこから出発するのですか？

Tur ke pulau Seribu ini berangkatnya
トゥル　ク　プらウ　スリブゥ　イニ　ブらンカッ(ト)ニャ

dari mana?
ダリ　マナ

● 出発は何時ですか？

Berangkatnya jam berapa?
ブらンカッ(ト)ニャ　ジャム　ブらパ

● そして帰りは何時ですか？

Dan pulangnya jam berapa?
ダン　プゥらンニャ　ジャム　ブらパ

● このツアーは毎日あるのですか？

Tur ini ada setiap hari?
トゥル　イニ　アダ　スティアッ(プ)　ハリ

● ひとりの料金はいくらですか？

Berapa tarif satu orang?
ブらパ　タリッ(フ)　サトゥ　オらン

そのまま使えるインドネシア語会話 トラベル編

観光する

③観光スポットで

●写真（ビデオ）を撮ってもいいですか？

Boleh saya ambil foto (video)?
ボれ（ヘ）　サヤ　アムビる　フォト　（フィデオ）

●写真を撮ってもらえますか？

Bisa minta ambil foto?
ビサ　ミンタ　アムビる　フォト

●一緒に写真に入ってもらえますか？

Bisa masuk foto sama-sama?
ビサ　マスッ(ク)　フォト　サマ　サマ

●ここで食事をしてもかまいませんか？

Boleh makan di sini?
ボれ（ヘ）　マカン　ディ　スィニ

●中へ入ってもよろしいですか？

Boleh masuk ke dalam?
ボれ（ヘ）　マスッ(ク)　ク　ダらム

●どこが公演の場所ですか？

Di mana tempat pertunjukannya?
ディ　マナ　トゥムパッ(ト)　プルトゥンジュカンニャ

●ここではどんな（←何と何の）公演があるのですか？

Di sini ada pertunjukan apa saja?
ディ　スィニ　アダ　プルトゥンジュカン　アパ　サジャ

●今日は公演はありますか？

Hari ini ada pertunjukan?
ハリ　イニ　アダ　プルトゥンジュカン

●予約する必要はありますか？

Apa perlu pesan dulu?
アパ　プルるゥ　プサン　ドゥるゥ

●座席は自由ですか、それとも決まっているのですか？

Tempat duduknya bebas,
トゥムパッ(ト)　ドゥドゥッ(ク)ニャ　ベバス

atau sudah ditentukan?
アトウ　スゥダ(ハ)　ディトゥントゥカン

●ここに座ってもいいですか？

Boleh saya duduk di sini?
ボれ(ヘ)　サヤ　ドゥドゥッ(ク)　ディ　スィニ

ボロブドゥール寺院(ジャワ島)
南国の情熱が生んだ壮大な建築物。はるかインド洋を渡り伝来した仏教は、南の果てのこの国で高度な芸術を生み出した。ボロブドゥールはその象徴でもある。歴史的な価値はアンコールワット(カンボジア)にも匹敵する。この遺跡はジョグジャカルタから約42ｋｍ、ヤシの樹海が広がるケドウ盆地にこの世界最大で最古の仏教遺跡がそびえている。回廊の石のレリーフは、ブッダの誕生からねはんに至るまでの一生がモチーフにされている。完成から１０００年以上も密林の中で火山灰におおわれ、発見されることもなかったこの遺跡は今もベールに包まれた謎が多い。

そのまま使えるインドネシア語会話トラベル編

観光する

④マリンスポーツをする

●ダイビングに最適の場所はどこですか？

Di mana tempat menyelam
ディ マナ　　トゥムパッ(ト)　ムニュらム

yang paling bagus?
ヤん　　　パりん　　バグゥス

●ここでイルカを見ることはできますか？

Di sini bisa lihat ikan lumba-lumba?
ディ スィニ　ビサ　　りハッ(ト) イカン　るゥムバ　　るゥムバ

●このモーターボートはレンタルできますか？

Perahu motor ini bisa saya sewa?
プラフゥ　モトル　　イニ　ビサ　　サヤ　　セワ

●ここでダイビングのライセンスを取ることはできますか？

Di sini bisa ambil lisence menyelam?
ディ スィニ　ビサ　　アムビる　らイセンス　　ムニュらム

●ライセンスを取るのに何日かかりますか？そして費用はいくらですか？

Perlu berapa hari untuk ambil lisence?
プルるゥ　ブラパ　　ハリ　ウントゥッ(ク)　アムビる　　らイセンス

Dan berapa biayanya?
ダン　ブラパ　　ビアヤニャ

そのまま使える
インドネシア語会話
ビジネス編

1 電話でアポイントをとる
①受付と

イ：はい、こちらグラハ株式会社でございます。

Halo, PT.GRAHA di sini.
ハロー　ペーテーグラハ　ディ スィニ

日：こちらは東京産業の田中と申します。

Saya Tanaka dari Tokyo Sangyo.
サヤ　タナカ　ダリ　トウキョー　サンギョー

日：輸出の件でお話ししたいと思います。

Saya mau berbicara soal ekspor, Bu. (相手は女性)
サヤ　マウ　ブルビチャラ　ソアる　エクスポル　ブゥ

イ：それではバンバンとお話し頂きたいと思います。(←お話できます)

Kalau begitu, Bapak bisa bicarakan
カろウ　ブギトゥ　ババッ(ク)　ビサ　ビチャラ

dengan Pak Bambang.
ドゥ(ン)ガン　パッ(ク)　バムバん

イ：けれどもバンバンはただいま外出中です。

Tapi Pak Bambang sedang keluar.
タピ　パッ(ク)　バムバん　スダん　クるゥアル

日：ああ、そうですか。お戻りはだいたい何時頃でしょうか？

Oh, begitu. Kira-kira jam berapa
オー　ブギトゥ　キラ　キラ　ジャム　ブラパ

kembalinya?
クムバリニャ

イ：おそらくもうすぐ戻ります。

Mungkin sebentar lagi.
ムウンキン　　スブンタル　　らギ

イ：折り返しお電話をいたしましょうか？

Apa perlu ditelepon kembali?
アパ　プルるゥ　ディテれポン　　クムバリ

日：いいえ、あとでまたこちらからお電話いたします。

Tidak, nanti saya akan telepon lagi.
ティダッ(ク)　ナンティ　サヤ　アカン　テれポン　　らギ

●注意ポイント～ 電話で約束をする～

　ジャカルタでは交通渋滞が日常茶飯事のせいか、約束をしていても約束の時間よりも遅れるのが常です。そのため約束は、自分の本当の希望時間の３０分前を指定しておくと、ちょうどよいという話も聞きます。しかし、本当に重要な約束に自分が遅れることは絶対さけなければなりません。

　インドネシア語に慣れないうちは「～時半」という表現には注意が必要です。1時半は jam setengah 1 ジャム ストゥ(ン)ガ(ハ) サトゥではなく jam setengah 2 ジャム ストゥ(ン)ガ(ハ) ドゥアという具合に「2時までの半分」という意味で、「2」を使うことに気をつけましょう。jam 1 (satu) 3 0 (tiga puluh) ジャム サトゥ ティガ プゥるゥ(フ)と確認しておけばよいでしょう。また電話では間違いも起こりやすいので、「秘書経由本人あて」でファックスを入れておけば安心です。

②秘書と

[1]

日：もしもし、内線4をお願いいたします。

Halo, tolong sambung ke pesawat empat.
ハロー　トろん　サムブゥン　ク　ブサワッ(ト)　ウムパッ(ト)

日：もしもし、バンバンさんとお話したいのですが。

Halo, boleh bicara dengan Pak Bambang?
ハロー　ボれ(へ)　ビチャラ　ドゥ(ン)ガン　パッ(ク)バムバん

イ：私はバンバンの秘書でございますが。

Saya sekretaris Pak Bambang.
サヤ　スクレタリス　パッ(ク)バムバん

イ：どちら様でしょうか？

Ini dari mana?
イニ　ダリ　マナ

日：私は日本の東京産業の田中と申します。

Saya Tanaka dari Tokyo Sangyo Jepang.
サヤ　タナカ　ダリ　トウキョー　サンギョー　ジュパん

日：私どもの新しい商品を紹介させていただきたいのですが。

Saya ingin memperkenalkan produk
サヤ　イ(ン)ギン　ムンプルクナるカン　プロドゥッ(ク)

kami yang baru.
カミ　ヤん　バルゥ

日：できれば明日バンバンさんとお会いしたいです。

Kalau bisa, besok saya ingin bertemu
カロウ　　ビサ　　　ベソッ(ク)　サヤ　　イ(ン)ギン　ブルトゥムゥ

dengan Pak Bambang.
ドゥ(ン)ガン　　パッ(ク)　バムバん

イ：少々お待ちください。スケジュールをチェックいたしますので。

Tunggu sebentar. Saya mau cek dulu
トゥングゥ　　スブンタル　　　サヤ　　マウ　　チェッ(ク) ドゥるゥ

jadwalnya.
ジャドゥワるニャ

イ：明日午後2時はいかがでしょうか？

Kalau besok jam dua siang bagaimana?
カロウ　　　ベソッ(ク)　ジャム　ドゥア　スィあん　バガイマナ

日：結構です。

Baik, Bu.
バイッ(ク)　ブゥ

●注意ポイント〜 秘書との接し方〜

　秘書は学歴のある女性が多く、仕事の鍵を握る要職です。日本と同じように考えて、お茶くみなどさせたりしてはいけません。年齢の若い女性であっても、年上のドライバーなどに対して、明確な上下関係を保証してあげる必要があります。
　呼び方に関しては、日系企業の場合は、本人の了解を得て日本流に「〜さん」と呼ぶのが、既婚、未婚、性別の区別なく使えるので便利という話も聞きます。

電話でアポイントをとる

[2]
日：私は日本の東京産業の田中と申します。

Saya Tanaka dari Tokyo Sangyo Jepang.
サヤ　　タナカ　　ダリ　　トウキョー　サンギョー　ジュパん

日：明日バンバンさんとお会いする予定を延期していただきたいのですが。

Rencana pertemuan dengan
ルンチャナ　　プルトゥムゥアン　　ドゥ(ン)ガン

Pak Bambang besok tolong ditunda.
パッ(ク)　バムバん　　ベソッ(ク)　トろン　　ディトゥンダ

日：急用ができてしまいまして…。

Saya ada halangan mendadak.
サヤ　アダ　ハら(ン)ガン　ムンダダッ(ク)

イ：承知しました。田中さんのご都合のよいのはいつでしょうか？

Oke, enaknya kapan bagi Bapak Tanaka?
オケー　エナッ(ク)ニャ　カパン　　バギ　　ババッ(ク)　タナカ

日：次の月曜日、できれば、午後2時にお願いしたいのですが。

Saya minta hari Senin yang akan datang,
サヤ　ミンタ　ハリ　スニン　ヤん　アカン　ダタん

kalau bisa, jam dua siang.
カろウ　ビサ　ジャム　ドゥア　スィアン

イ：わかりました。お越しをお待ちしております。

Oke, kami menunggu kedatangannya.
オケー　カミ　ムヌゥングゥ　　クダタ(ン)ガンニャ

③本人と（初対面）

[1]場所と時間の設定

日：この度は私どもの製品をおすすめしたいと思いまして。

Kali ini saya ingin mempromosikan
カリ　イニ　サヤ　イ(ン)ギン　ムンプロモスィカン

produk-produk kami.
プロドゥッ(ク) プロドゥッ(ク)　カミ

イ：ああ、そうですか。

Oh, ya.
オー　ヤー

日：事務所でお会いする事は可能でしょうか？

Bisa saya menemui Bapak di kantor?
ビサ　サヤ　ムヌムウイ　ババッ(ク)　ディ　カントル

イ：ええ、可能です。いつ頃お見えになりますか？

Ya, bisa. Kira-kira kapan mau datang?
ヤー　ビサ　キラ　キラ　カパン　マウ　ダたん

日：明日の午後2時はいかがでしょうか？

Bagaimana kalau besok siang sekitar
バガイマナ　カラウ　ベソッ(ク)　スィあん　スキタル

jam dua?
ジャム　ドゥア

そのまま使えるインドネシア語会話ビジネス編

イ：それでも結構です。お越しをお待ちしております。

Bisa juga. Saya akan menunggu
ビサ　ジュガ　サヤ　アカン　ムヌゥングゥ

kedatangannya.
クダタ(ン)ガンニャ

[2]電話で予約の確認をする
日：今日のお約束の確認をしたいのですが。

Saya ingin konfirmasi janji hari ini.
サヤ　イ(ン)ギン　コンフィルマスィ　ジャンジ　ハリ　イニ

イ：お約束は午後2時ですよね。

Janjinya jam dua siang, ya Pak?
ジャンジニャ　ジャム　ドゥア　スィアん　ヤ　バッ(ク)

日：ええ、その通りです。

Ya, betul.
ヤー　ブトゥる

日：ありがとうございます。それではまたのち程。

Terima kasih. Sampai nanti, Pak.
トゥリマ　カスィ(ヒ)　サムパイ　ナンティ　バッ(ク)

④本人と（旧知）

日：もしもし、バンバンさん。

　　Halo, Pak Bambang.
　　ハロー　　バッ(ク) バムバン

日：私は日本の東京産業株式会社の田中です。

　　Saya Tanaka dari PT. Tokyo Sangyo Jepang.
　　サヤ　　タナカ　　ダリ　ペーテー トウキョー　サンギョー　　ジュパン

日：まだ私のことを覚えていらっしゃるでしょうか？

　　Masih ingat　sama saya?
　　マスィ(ヒ) イ(ン)ガッ(ト) サマ　　サヤ

イ：ええ、まだ覚えておりますとも。

　　Ya, masih.
　　ヤー　マスィ(ヒ)

イ：お元気ですか、田中さん。

　　Apa kabar, Pak Tanaka?
　　アパ　　カバル　　バッ(ク) タナカ

イ：しばらくお会いしていませんね。

　　Sudah lama kita tidak bertemu, ya.
　　スゥダ(ハ)　ラマ　　キタ　ティダッ(ク) ブルトゥムゥ　　ヤ

イ：今どちらからお電話をかけていらっしゃるのですか？

　　Telepon dari mana ini?
　　テレポン　　ダリ　　マナ　　イニ

そのまま使えるインドネシア語会話ビジネス編

電話でアポイントをとる

日：ジャカルタの東京産業支店の事務所からです。

Dari kantor cabang Tokyo Sangyo di Jakarta, Pak.
ダリ　カントル　チャバン　トウキョー　サンギョー　ディ ジャカルタ　パッ(ク)

日：今晩お会いする時間はありますか？

Nanti malam Bapak ada waktu untuk bertemu?
ナンティ　マラム　ババッ(ク)　アダ　ワクトゥ　ウントゥッ(ク)　ブルトゥムウ

イ：ああ、たまたま今晩はもう予定があるんです。

Oh, kebetulan nanti malam sudah ada acara.
オー　クブトゥらン　ナンティ　マラム　スゥダ(ハ)　アダ　アチャラ

日：明日の夜はいかがですか？

Kalau besok malam bagaimana?
カろウ　ベソッ(ク)　マラム　バガイマナ

イ：結構ですよ。

Bisa saja.
ビサ　サジャ

日：それではまた明日お電話いたしますね。

Kalau begitu besok saya akan telepon
カロウ　　ブギトゥ　　ベソッ(ク)　サヤ　　アカン　　テレポン

lagi, ya Pak.
らギ　　ヤ　　パッ(ク)

イ：ええ、お電話をお待ちしています。

Ya, saya tunggu teleponnya.
ヤー　　サヤ　　トゥングゥ　　テレポンニャ

●注意ポイント〜 丁寧な言葉を使うには〜

インドネシア語には敬語は特に存在しません。しかしながら話す相手によって丁寧さを使いわけます。友達同士で話す場合と目上の人と話す場合には言葉使いが明らかに違います。

初対面で、その人が仕事上大切なパートナーになる人であれば、丁寧な言い回しを使いたいものです。

丁寧な言い回しは、意外と簡単です。相手が男性であればBapakの省略形のPakを、女性の場合にはIbuの省略形のBuを、文末につけるだけでも全然違って聞こえます。例えば挨拶ひとつにしても、"Selamat pagi.（スらマッ(ト)パギ）" と "Selamat pagi, Pak.（スらマッ(ト)パギパッ(ク)）" ではまったく違います。ぜひ意識して、文末にPakとBuを使うようにしてみてください。相手からも丁寧な応対が返ってくることでしょう。

その他、疑問詞を含まない疑問文の文頭にはApakahをおく、主語や述語をあまり省略しないなどに気をつければ完璧です。

2 先方に出かける

①受付で

[1]遅れた場合

日:こんにちは。

Selamat siang.
スラマッ(ト)　スィアん

イ:誰に会われますか?

Mau menemui siapa?
マウ　ムヌムゥイ　スィアパ

日:バンバンさんにお会いしたいのですが。

Saya ingin bertemu dengan
サヤ　イ(ン)ギン　ブルトゥムゥ　ドゥ(ン)ガン

Pak Bambang.
パッ(ク)　バムバん

イ:もうお約束はおありですか?

Sudah ada janji?
スゥダ(ハ)　アダ　ジャンジ

日:ええ、約束は午後2時だったのですが、少々遅れてしまいまして。

Ya, tadi janjinya jam dua,
ヤー　タディ　ジャンジニャ　ジャム　ドゥア

tapi agak terlambat.
タピ　アガッ(ク)　トゥルらムバッ(ト)

102

イ：どちら様でしょうか？

Bapak dari mana?

バパッ(ク)　ダリ　　マナ

日：私は東京産業株式会社の田中と申します。

Nama saya Tanaka

ナマ　　　　サヤ　　　タナカ

dari PT. Tokyo Sangyo.

ダリ　　　ペーテー　トウキョー　　サンギョー

イ：少々お待ちくださいね。

Tunggu sebentar, ya.

トゥングゥ　　　スブンタル　　　　ヤ

●注意ポイント～ 勤務時間について～

　地方によっても違いがありますが、ジャカルタの民間企業の勤務時間は、月曜から金曜の平日はほとんどの会社が午前8時半から午後5時まで、土曜日は半分くらいの会社がお休みです。

　ジャカルタの国家公務員の勤務時間は、月曜から金曜日の平日は午前8時から午後5時まで、土曜日は3時までです。また上級ポストの公務員は午後早く帰宅する傾向にあるので、午前中に約束をするのがベストです。

　金曜日は公務員であるなしに関わらず、昼休みに会社に設けられた礼拝所あるいは近くのモスクでイスラームの集団礼拝をします。そのため昼休みが長くなっています。

先方に出かける

[2] 早く着きすぎた場合

日：午後2時にバンバンさんとお会いする約束をしているのですが、少し早く到着してしまいました。

Saya sudah ada janji untuk menemui
サヤ　スウダ(ハ)　アダ　ジャンジ　ウントゥッ(ク)　ムヌムイ

Pak Bambang pada jam dua.
パッ(ク) バムバン　パダ　ジャム　ドゥア

Tapi saya tiba sedikit awal.
タピ　サヤ　ティバ　スディキッ(ト) アワる

イ：それではあちらの待合室でお待ちになってください。

Kalau begitu, tolong tunggu
カろウ　ブギトゥ　トろん　トゥングゥ

di ruang tunggu sana.
ディ ルゥアん　トゥングゥ　サナ

イ：今バンバンはまだ会議中ですので。

Karena Pak Bambang masih rapat
カルナ　パッ(ク) バムバん　マスィ(ヒ)　ラパッ(ト)

sekarang.
スカラん

日：はい、わかりました。

Ya, Bu.
ヤー　ブゥ

②秘書と

日：はじめまして、私は東京産業の田中と申します。

Kenalkan, nama saya Tanaka
クナるカン　　ナマ　　サヤ　　タナカ

dari Tokyo Sangyo.
ダリ　　トウキョー　　サンギョー

イ：私はバンバンの秘書のアリと申します。

Saya Ali, sekretaris Pak Bambang.
サヤ　　アリ　　スクレタリス　　バッ(ク) バムバん

イ：こちらで少々お待ちください。

Tunggu sebentar di sini.
トゥングゥ　　スブンタル　　ディ スィニ

イ：バンバンはまもなく来ますので。

Pak Bambang sebentar lagi akan datang.
バッ(ク) バムバん　　スブンタル　　らギ　アカン　ダタん

●注意ポイント〜おみやげについて〜

ジャカルタなど大都市のデパートに行けば、何でも揃えることができる時代になりましたが、出国ロビーに売っている日本の伝統的なデザインの小物やTシャツ類は、喜ばれるおみやげのひとつです。また、ロゴマーク入りのTシャツは、ドライバーに評判がよいそうです。会社では、ロゴマーク入りのペンや文房具、電卓などが実用的で喜ばれます。その他緑茶など、日本茶も珍しがられます。

若い男性には、税関で問題にならない程度の男性誌（インドネシアでは宗教的な理由から出回っていない）が、人気があります。子どもたちには、日本のキャラクター商品の受けがよく、若者の間では日本のお箸が最近喜ばれるようです。

③本人と名刺交換・自己紹介

先方に出かける

日：こちらが私の名刺です。

Ini kartu nama saya.
イニ　カルトゥ　ナマ　　サヤ

日：あなたにお会いできてとても嬉しく思っております。

Saya senang sekali dapat bertemu dengan
サヤ　　スナん　　　スカリ　　　ダパッ(ト)　ブルトゥムゥ　　ドゥ(ン)ガン

Bapak.
ババッ(ク)

日：私は東南アジア地域のマーケティング部門を担当しております。

Saya bertugas di bidang pemasaran
サヤ　　ブルトゥガス　ディ　ビダん　　ブマサラン

di kawasan Asia Tenggara.
ディ　カワサン　　アスィア　トゥんガラ

日：もう8年間この仕事に携わっております。

Sudah delapan tahun saya menangani
スゥダ(ハ)　ドゥラパン　　タウン　　サヤ　　ムナ(ン)ガニ

pekerjaan ini.
ブクルジャアン　　イニ

日：私は去年東京から派遣されました。

Saya tahun lalu dikirimkan dari Tokyo.
サヤ　　タウン　　らるゥ　ディキリムカン　　ダリ　　トウキョー

日：こちらでは私のスタッフは7人おりますが、すべてインドネシア人です。

Di sini staf saya ada tujuh orang,
ディ スィニ スタッ(フ) サヤ アダ トゥジュ(フ) オラん

tapi semuanya orang Indonesia.
タピ スムゥアニャ オラん インドネスィア

イ：どうりであなたはもうインドネシア語がお上手なんですね。

Makanya Bapak sudah pintar bahasa
マカニャ バパッ(ク) スゥダ(ハ) ピンタル バハサ

Indonesia, ya.
インドネスィア ヤ

日：いえ、まだまだです。ようやく少し話せるだけで。

Oh, belum. Baru sedikit-sedikit saja, Pak.
オー ブルゥム バル スディキッ(ト)スディキッ(ト) サジャ バッ(ク)

日：ああ、そうだ。今日は私どもの一番新しい製品のパンフレットをお持ちしているんです。

Oh, ya. Hari ini saya bawa beberapa
オー ヤー ハリ イニ サヤ バワ ブブラパ

brosur produk terbaru kami, Pak.
ブロスゥル プロドゥッ(ク) トゥルバルゥ カミ バッ(ク)

④本人に連れの者を紹介する

● バンバンさん、私の上司（部下）をご紹介します。

Pak Bambang, saya mau perkenalkan
パッ(ク) バムバン　　　　　サヤ　　マウ　　プルクナるカン

atasan (anak buah) saya.
アタサン　　（アナッ(ク) ブア(ハ)）サヤ

● こちらは林さんです。

Ini Bapak Hayashi.
イニ　ババッ(ク)　ハヤシ

● この方は大阪支店の代表取締役です。

Beliau adalah presiden direktur
ブリオウ　アダら(ハ)　プレスィデン　ディレクトゥル

cabang Osaka.
チャバん　オーサカ

● そしてこちらが私どもの新しいスタッフです。

Dan ini adalah staf kami yang baru.
ダン　イニ　アダら(ハ)　スタッ(フ) カミ　ヤん　バルゥ

● 彼の名前は斉藤で、これまで彼は大阪に勤務していました。

Namanya Saito, selama ini dia bekerja
ナマニャ　　　サイトー　スらマ　　イニ　ディア　ブクルジャ

di Osaka.
ディ オーサカ

●こちらは吉田で、同じオフィスの同僚です。

Ini Yoshida, kawan sekantor.
イニ　ヨシダ　　　　　カワン　　　スカントル

●こちらは佐藤で、私の秘書です。

Ini Sato, sekretaris saya.
イニ　サトウ　　スクレタリス　　　サヤ

●こちらは市川です。彼は奥さんがインドネシア人なんです。

Ini Ichikawa. Dia isterinya
イニ　イチカワ　　　　　ディア　イストゥリニャ

orang Indonesia, Pak.
オラん　　インドネスィア　　　バッ(ク)

そのまま使えるインドネシア語会話ビジネス編

●注意ポイント～相手の名前を忘れてしまったら…～

　外国人の名前というのは聞き慣れない名前ばかりで、なかなか覚えにくいものです。次第に聞き慣れた名前が増えていけば覚えるのも楽になりますが、ばったり顔見知りにあっても、ついど忘れしてしまって名前が出てこないということもよくあります。

　そんな時に使いたいのが、日本語の「どうも」にあたる言葉です。相手が女性であれば"Mari, Bu.(マリ ブゥ)"、男性であれば"Mari, Pak.(マリ パッ(ク))"といって会釈をします。

　会話をする場合にも、男性なら本人に対してババッ(ク)(Bapak)女性であればイブ(Ibu)を名前代わりに使って会話をすればいいのです。

　その場に知り合いがいれば、後で忘れた人の名前を確認しましょう。あるいはその場で本人に正直に"Maaf, saya lupa nama Bapak/Ibu.(マアフ サヤ るゥパ ナマ ババッ(ク)／イブゥ)"「すみませんお名前を忘れてしまって…。」といって、改めて聞いてもよいでしょう。

3 商談

①用件を切り出す

● 本日は私どもの最新の製品をご紹介するためにまいりました。

Hari ini saya datang untuk
ハリ イニ サヤ ダタン ウントゥッ(ク)

memperkenalkan produk kami
ムンプルクナるカン プロドゥッ(ク) カミ

yang terbaru.
ヤん トゥルバルウ

● これは私どもの製品の中で最新型のデジタルカメラです。

Ini adalah salah satu model kamera digital
イニ アダら(ハ) さら(ハ) サトゥ モデる カメラ ディジタる

yang terbaru di antara produk-produk kami.
ヤん トゥルバルウ ディ アンタラ プロドゥッ(ク) プロドゥッ(ク) カミ

● 古い製品と比較しますと、性能がはるかに高まり、写りもはるかによくなっています。

Kalau dibandingkan dengan
カろウ ディバンディんカン ドゥ(ン)ガン

produk-produk lama, kemampuannya
プロドゥッ(ク) プロドゥッ(ク) らマ クマムプゥアンニャ

jauh lebih meningkat, dan hasilnya jauh
ジャウ(フ) るビ(ヒ) ムニんカッ(ト) ダン ハスィるニャ ジャウ(フ)

lebih bagus.
るビ(ヒ) バグゥス

● 操作の仕方はとても簡単です。

Cara operasinya gampang sekali.
チャラ　　オペラスィニャ　　　　ガムパン　　　　　スカリ

● より詳しい説明をしていただきたいのですが。

Saya ingin diberi penjelasan lebih lanjut.
サヤ　　　イ(ン)ギン　ディブリ　　　プンジュらサン　　　　るビ(ヒ)　　らンジュッ(ト)

● これらの製品にとても興味を持ちました。

Kami sangat tertarik pada
カミ　　　　サ(ン)ガッ(ト)　トゥルタリッ(ク)　パダ

produk-produk ini.
プロドゥッ(ク)　プロドゥッ(ク)　イニ

● 私どもの製品についてのあなたのご意見を伺いたいのですが。

Saya mau minta pendapat Bapak(Ibu)
サヤ　　　マウ　　　ミンタ　　　　プンダパッ(ト)　　　ババッ(ク)　(イブゥ)

tentang produk kami ini.
トゥンたん　　プロドゥッ(ク)　カミ　　　イニ

● 私どもはマーケティング部門でスルヤ社と協力をしたいのですが。

Kami ingin bekerjasama dengan
カミ　　　　イ(ン)ギン　ブクルジャサマ　　　　　ドゥ(ン)ガン

PT. SURYA di bidang pemasaran.
ペーテー スルヤ　　ディ　ビだん　　　　プマサラン

そのまま使えるインドネシア語会話ビジネス編

111

商談

②取引を申し込む

日：私どもの会社は食糧品の輸出入分野で操業しております。

Perusahaan kami beroperasi di bidang
ブルウサハアン　カミ　ブルオペラスィ　ディ ビダん

ekspor-impor bahan makanan.
エクスポル イムポル　バハン　マカナン

日：それでこの度、貴社製造の何種類かのインスタント調味料を輸入したいと思っているんです。

Dan kali ini kami ingin mengimpor
ダン　かり　イニ　カミ　イ(ン)ギン ム(ン)ギムポル

beberapa bumbu instan produksi
ブブラパ　　　ブゥムブゥ　インスタン　プロドゥクスィ

perusahaan Bapak ke Jepang.
ブルウサハアン　　バパッ(ク)　ク　ジュパん

日：既に日本の会社との契約はおありですか？

Apakah sudah ada kontrak dengan
アパカ(ハ)　スゥダ(ハ)　アダ　コントゥラッ(ク) ドゥ(ン)ガン

perusahaan Jepang?
ブルウサハアン　　ジュパん

イ：まだありません。

Belum ada.
ブるゥム　　アダ

イ：やはり私どもも以前から私どもの製品を輸出したいという思いはあったのですが、現在に至るまで実現しておりません。

Memang sejak dulu kami punya
メマん　　　スジャッ(ク) ドゥるウ　カミ　　プゥニャ

keinginan untuk ekspor
クイ(ン)ギナン　　ウントゥッ(ク) エクスポル

produk-produk kami,
プロドゥッ(ク) プロドゥッ(ク)　カミ

tapi sampai sekarang belum terwujud.
タピ　サムパイ　スカラん　　ブるゥム　トゥルウジュッ(ド)

日：それでは、私どもの会社と契約を結んでいただけるようお願い申しあげます。

Kalau begitu, kami mohon untuk
カロウ　ブギトゥ　　カミ　　モホン　ウントゥッ(ク)

membuat kontrak dengan
ムンブウアッ(ト)　　コントゥラッ(ク) ドゥ(ン)ガン

perusahaan kami.
ブルウサハアン　　　カミ

イ：では、わかりました。

Baiklah, kalau begitu.
バイッ(ク)ら(ハ)　カロウ　ブギトゥ

イ：しかし幹部の者と話をするための時間を頂きたいと思います。

Tapi saya minta waktu untuk
タピ　サヤ　ミンタ　ワクトゥ　ウントゥッ(ク)

membicarakan dengan bos saya.
ムンビチャラカン　　ドゥ(ン)ガン　ボス　サヤ

③取引の条件を提示／交渉する

商談

日：一ヶ月あたりの生産量はいくらくらいですか？

Kira-kira berapa produksi perbulannya?
キラ　キラ　ブラパ　プロドゥクスィ　プルブゥらンニャ

イ：現在は一ヶ月あたりの生産量は100万です。

Sekarang produksi perbulannya
スカらン　プロドゥクスィ　プルブゥらンニャ

satu juta.
サトゥ　ジュタ

イ：しかし、もし日本で私どもの製品がよく売れればさらに多くすることが可能です。

Tapi kalau nanti produk kami laku
タピ　カろウ　ナンティ　プロドゥッ(ク)　カミ　らクゥ

di Jepang, bisa ditingkatkan lagi.
ディ　ジュパん　ビサ　ディティんカッ(ト)カン　らギ

日：わかりました、それでは次に取引条件について話し合わなければなりませんが。

Oke, lalu kita harus membicarakan syarat
オーケー　らルゥ　キタ　ハルゥス　ムンビチャラカン　シャラッ(ト)

transaksinya.
トゥランサクスィニャ

イ：そちらの条件を先にお聞きしたいと思います。

Kami ingin dengar dulu syarat dari Bapak.
カミ　イ(ン)ギン　ドゥ(ン)ガル　ドゥるゥ　シャラッ(ト)　ダリ　パパッ(ク)

日：わかりました。こちらからの条件はこのようです。

Baik. Syarat dari kami begini, Pak.
バイッ(ク) シャラッ(ト) ダリ カミ ブギニ バッ(ク)

日：私どもは日本への輸出費用の半分を負担します。

Kami akan tanggung separuh dari biaya
カミ アカン タングゥん スパルゥ(フ) ダリ ビアヤ

ekspor ke Jepang.
エクスポル ク ジュパん

日：そして日本での売り上げの30％を支払います。

Dan kami akan membayar 30 persen
ダン カミ アカン ムンバヤル ティガプゥるゥ(フ) プルセン

dari hasil penjualan di Jepang.
ダリ ハスィる ブンジュゥアらン ディ ジュパん

日：あなたのご意見はいかがですか？

Bagaimana pendapat Bapak?
バガイマナ プンダパッ(ト) ババッ(ク)

イ：いいと思います。

Saya kira bagus.
サヤ キラ バグゥス

④商談がうまくいったとき

イ：この価格でいかがでしょうか？

Bagaimana dengan harga ini?
バガイマナ　　　ドゥ(ン)ガン　ハルガ　　イニ

日：これはもう相応の価格だと思います。問題はありません。

Saya kira ini sudah harga layak.
サヤ　　キラ　イニ　スゥダ(ハ)　ハルガ　　らヤッ(ク)

Tidak ada masalah.
ティダッ(ク)　アダ　　マサら(ハ)

イ：ありがとうございます。

Terima kasih, Pak.
トゥリマ　　　カスィ(ヒ)　パッ(ク)

イ：幹部も先日の条件にすでに同意しております。

Bos juga sudah setuju dengan
ボス　ジュガ　スゥダ(ハ)　ストゥジュ(フ)　ドゥ(ン)ガン

syarat-syarat kemarin.
シャラッ(ト)　シャラッ(ト)　クマリン

日：それはよかったです。それでいつ契約書を作成しましょうか？

Syukur, kalau begitu. Lalu kapan
シュクゥル　　カろウ　　ブギトゥ　　　らるゥ　　カパン

kita membuat surat kontraknya, Pak?
キタ　　ムンブゥアッ(ト)　スゥラッ(ト)　コントゥラッ(ク)ニャ　　パッ(ク)

イ：あなたにお任せいたします。私どもは時間を合わせます。

Terserah Bapak. Kami akan
トゥルスラ(ハ)　ババッ(ク)　カミ　アカン

menyusuaikan waktunya.
ムニュスゥアイカン　　ワクトゥニャ

日：わかりました。あとでまたご連絡いたします。

Baik, nanti kami akan hubungi lagi.
バイッ(ク)　ナンティ　カミ　アカン　フゥブゥ(ン)ギ　らギ

日：いや、よかったです。貴社と契約を結ぶことができて、とても嬉しく思っております。

Oke, kalau begitu. Kami senang sekali
オーケー　カろウ　ブギトゥ　カミ　スナん　スカり

dapat membuat kontrak dengan
ダパッ(ト)　ムンブゥアッ(ト)　コントゥらッ(ク)　ドゥ(ン)ガン

perusahaan Bapak.
プルウサハアン　　ババッ(ク)

イ：私どもも喜んでおります。

Kami juga senang sekali.
カミ　ジュガ　スナん　スカり

⑤商談が難航した場合

日：正直申しあげまして、私どもはこの条件を受け入れるのはかなり難しいです。

Terus terang, kami agak keberatan
トゥルゥス　トゥらん　　カミ　　アガッ(ク) クブラタン

untuk menerima syarat ini.
ウントゥッ(ク) ムヌリマ　　　シャラッ(ト)　イニ

イ：けれども私どもの側でもさらに安い値段を出すことはできません。

Tapi pihak kami juga tidak bisa memberi
タピ　　ピハッ(ク) カミ　　ジュガ　ティダッ(ク) ビサ　　　ムンブリ

harga yang lebih murah lagi.
ハルガ　ヤン　るビ(ヒ)　ムゥラ(ハ)　らギ

日：もしこの値段ですと、私どもにほとんど利益がありません。

Kalau dengan harga ini, hampir tidak
カろウ　　ドゥ(ン)ガン　ハルガ　イニ　　ハムピル　　ティダッ(ク)

ada untung bagi kami.
アダ　ウントゥん　バギ　カミ

日：値段を再検討していただくことはできますか？

Apakah harganya bisa dipertimbangkan
アパカ(ハ)　　ハルガニャ　　　ビサ　　ディプルティムバンカン

kembali?
クムバリ

イ：わかりました、明日の会議でもう一度話し合いをしてみたいと思います。

Oke, kami akan membicarakan lagi
オーケー カミ アカン ムンビチャラカン らギ

dalam rapat besok.
ダラム ラパッ(ト) ベソッ(ク)

日：ありがとうございます。よいお返事を期待しております。

Terima kasih, Pak. Kami
トゥリマ カスィ(ヒ) パッ(ク) カミ

mengaharapkan jawaban yang baik.
ムンハラッ(プ)カン ジャワバン ヤん バイッ(ク)

イ：おそらく来週新しい見積書をお渡しすることができると思います。

Mungkin minggu depan saya bisa
ムゥンキン ミングゥ ドゥパン サヤ ビサ

serahkan surat taksiran yang baru.
スラ(ハ)カン スゥラッ(ト) タクスィラン ヤん バルゥ

⑥感謝の気持ちを表す

日：あなたのご協力に大変感謝いたします。

Saya sangat berterima kasih atas kerja
サヤ　サ(ン)ガッ(ト)　ブルトゥリマ　カスィ(ヒ)　アタス　クルジャ

sama Bapak.
サマ　ババッ(ク)

日：無事契約を結ぶことができ、深く感謝申しあげます。

Saya ucapkan banyak terima kasih
サヤ　ウチャッ(プ)カン　バニャッ(ク)　トゥリマ　カスィ(ヒ)

karena telah dapat membuat kontrak
カルナ　トゥら(ハ)　ダパッ(ト)　ムンブアッ(ト)　コントゥラッ(ク)

dengan selamat.
ドゥ(ン)ガン　スらマッ(ト)

イ：私もです。

Saya juga.
サヤ　ジュガ

日：あなたのような素晴らしいビジネスパートナーに出会うことができてとても嬉しいです。

Saya senang sekali dapat bertemu
サヤ　スナン　スかり　ダパッ(ト)　ブルトゥムウ

dengan mitra kerja yang bagus
ドゥ(ン)ガン　ミトゥラ　クルジャ　ヤん　バグゥス

seperti Bapak.
スプルティ　ババッ(ク)

商談

イ：私も日本へ私どもの製品の輸出を開始することができてとても嬉しく思っています。

Saya juga senang sekali bisa mulai
サヤ　ジュガ　スナン　スカり　ビサ　ムゥらイ

ekspor produk-produk kami ke Jepang.
エクスポル　プロドゥッ(ク)プロドゥッ(ク)　カミ　ク　ジュパん

イ：私たちのビジネスが成功するよう努力しましょう。

Mari kita berusaha supaya bisnis
マリ　キタ　ブルウサハ　スゥパヤ　ビスニス

kami berhasil.
カミ　ブルハスィる

日：ええ、私たちのビジネスが順調でありますように。

Ya, mudah-mudahan bisnis kita
ヤー　ムゥダ(ハ)　ムゥダハン　ビスニス　キタ

lancar nanti.
らンチャル　ナンティ

日：あなたのあらゆるご助力に感謝いたします。

Terima kasih atas segala bantuan Bapak.
トゥリマ　カスィ(ヒ)　アタス　スがら　バントゥアン　ババッ(ク)

日：これはほんの感謝のしるしです。

Ini sekedar tanda terima kasih saja, Pak.
イニ　スクダル　タンダ　トゥリマ　カスィ(ヒ)　サジャ　パッ(ク)

イ：お心遣いありがとうございます。

Terima kasih atas perhatian Bapak.
トゥリマ　カスィ(ヒ)　アタス　プルハティアン　ババッ(ク)

そのまま使えるインドネシア語会話ビジネス編

商談

⑦次回のアポイントをとる

日：契約の日程を決めたいと思うのですが。

Saya ingin menentukan waktu kontrak.
サヤ　イ(ン)ギン　ムヌントゥカン　ワクトゥ　コントラッ(ク)

イ：ああ、そうですね。田中さんのご予定はいかがですか？

Oh, ya. Bagaimana jadwal Bapak Tanaka?
オー　ヤー　バガイマナ　ジャドワる　ババッ(ク)　タナカ

日：私は今度の土曜日に帰国する前でしたらいつでも結構です。

Kalau saya, kapan saja bisa, sebelum
カロウ　サヤ　カパン　サジャ　ビサ　スブるゥム

pulang hari Sabtu yang akan datang.
プゥらン　ハリ　サプトゥ　ヤん　アカン　ダタん

イ：わかりました。では今度の水曜日はいかがですか？

Baik. Kalau begitu, bagaimana besok
バイッ(ク)　カロウ　ブギトゥ　バガイマナ　ベソッ(ク)

hari Rabu saja?
ハリ　ラブゥ　サジャ

日：可能です。水曜日何時がご都合よろしいですか？

Bisa, Pak. Hari Rabu, jam berapa
ビサ　バッ(ク)　ハリ　ラブゥ　ジャム　ブラパ

enaknya?
エナッ(ク)ニャ

イ：午前 11 時はいかがですか？

Bagaimana kalau jam 11 ?
バガイマナ　　　　　カラウ　　　ジャム　スブらス

日：結構です。水曜日にまた参ります。

Oke, saya akan datang lagi hari Rabu.
オーケー　サヤ　　アカン　　ダタん　　　らギ　　ハリ　　ラブゥ

●注意ポイント～手紙の住所と宛名の書き方～

（表）

Kepada Yth. ← ①
Bapak Syamsuddin Abdullah.SH. ← ②
Jl.Selamet Riyadi No.11　← ③
Yogyakarta 55221　← ④
INDONESIA　← ⑤

① 　～様　　Yth.=yang terhormat の略
② 　名前の前に男性なら Bapak を、女性なら Ibu あるいは Nyonya をつけます。
③ 　～通り○番地　Jl. ＝ jalan（通り）の略、No. ＝ nomor（番号）の略です。
④ 　都市名、郵便番号(kode　pos)
⑤ 　国名

（裏）

Sip: Atsuko　Takeda ← ⑥
Ogikubo 1-1-1
Suginami, Tokyo
Jepang

⑥ 　Sip. ＝ Si　Pengirim（送り主：単に pengirim だけでもＯＫ）の略

4 オフィスで
①新任／着任の挨拶をする

● 自己紹介するためにお時間をいただきありがとうございます。

Terima kasih atas waktu yang diberikan
トゥリマ　カスィ(ヒ)　アタス　ワクトゥ　ヤん　ディブリカン

pada saya untuk perkenalkan diri.
パダ　サヤ　ウントゥッ(ク)　ブルクナるカン　ディリ

● 私は池田と申します。先月東京から来たばかりです。

Nama saya Ikeda, baru datang
ナマ　サヤ　イケダ　バルゥ　ダタん

dari Tokyo bulan yang lalu.
ダリ　トウキョー　ブゥらン　ヤん　らるゥ

● ジャカルタ支店のオフィスに勤務するために東京産業から派遣されました。

Saya dikirim oleh
サヤ　ディキリム　オれ(ヘ)

PT. Tokyo Sangyo Jepang untuk bertugas
ペーテートウキョー　サンギョー　ジュパん　ウントゥッ(ク)　ブルトゥガス

di kantor cabang Jakarta.
ディ　カントル　チャバん　ジャカルタ

● 私は去る4月1日からここで働いております。

Saya bekerja di sini sejak tanggal
サヤ　　ブクルジャ　　ディ　スィニ　スジャッ(ク) タンガる

satu April kemarin.
サトゥ　　アプリる　　クマリン

● 予定では、私は5年間ここに滞在します。

Rencananya, saya tinggal
ルンチャナニャ　　　　　サヤ　　　　ティンガる

di sini lima tahun.
ディ スィニ　リマ　　タウン

● 私はこちらの様子があまりよくわからないので、皆様に助けていただけるようお願いいたします。

Karena saya kurang tahu keadaan di sini,
カルナ　　　サヤ　　クゥラん　　タウ　　クアダアン　　ディ スィニ

saya mohon bantuan dari Bapak-Bapak
サヤ　　モホン　　バントゥアン　　ダリ　　ババッ(ク) ババッ(ク)

dan Ibu-Ibu serta Saudara-Saudara.
ダン　イブゥ イブゥ スルタ　ソダラ　　　　ソダラ

● 以上です、ありがとうございました。

Sekian dan terima kasih.
スキアン　　　ダン　　トゥリマ　　　カスィ(ヒ)

②知っておくと便利な表現

オフィスで

[1] 事務所での依頼

●この手紙を午後4時までにインドネシア語に訳してください。

Tolong terjemahkan surat ini ke dalam
トろン　トゥルジュマ(ハ)カン　スゥラッ(ト)　イニ　ク　ダラム

bahasa Indonesia sebelum jam empat.
バハサ　インドネスィア　スブるウム　ジャム　ウムパッ(ト)

●パソコンでつくってください。

Tolong buat dengan komputer, ya.
トろン　ブゥアッ(ト)　ドゥ(ン)ガン　コムプゥトゥル　ヤ

●この手紙をファックスで送ってください。

Tolong kirimkan surat itu dengan
トろン　キリムカン　スゥラッ(ト)　イトゥ　ドゥ(ン)ガン

faksimili.
ファクスィミリ

●ファックスはもう送った?

Faksimilinya sudah dikirim?
ファクスィミリニャ　スゥダ(ハ)　ディキリム

●見積書をできるだけ早く渡してください。

Tolong serahkan surat taksiran secepat
トろン　スラ(ハ)カン　スゥラッ(ト)　タクスィラン　スチュパッ(ト)

mungkin.
ムゥんキン

●この通知書を配布してください。

Tolong bagikan surat pemberitahuan ini.
トろン　バギカン　スゥラッ(ト)　ブムブリタウアン　イニ

●詳しく話してもらえますか？

Bisa ceritakan detilnya (lebih lanjut)?
ビサ　　チュリタカン　　ディティるニャ　　（るビ(ヒ)　らンジュッ(ト)）

●書類を片づけてください。

Tolong bereskan dokumen-dokumennya.
トろん　　　ベレスカン　　　ドゥクメン　　　　ドゥクメンニャ

●昨日の（この間の）書類を探してください。

Tolong carikan dokumen kemarin.
トろん　　チャリカン　　ドゥクメン　　　クマリン

●この箇所を訂正してください。

Tolong koreksi (=perbaiki=betulkan)
トろん　　　コレクスィ　　（プルバイキ　　ブトゥるカン）

bagian ini.
バギアン　　イニ

●この電話の使い方を教えてください。

Tolong tunjukkan cara pakai telepon ini.
トろん　　　トゥンジュッカン　　チャラ　　パカイ　　テレポン　　イニ

●コーヒーを入れてください。

Tolong buatkan kopi.
トろん　　ブゥアッ(ト)カン　コピ

オフィスで

[2] 自分の意見を言ったり、相手の意見を求めるとき

● 私はそう思います。

Saya kira begitu.
サヤ　キラ　ブギトゥ

● 私の意見はこうです。

Pendapat saya begini.
プンダパッ(ト)　サヤ　ブギニ

● 私はそうは考えません。

Saya tidak berpikir begitu.
サヤ　ティダッ(ク)　ブルピキル　ブギトゥ

● 正直言って…

Terus terang, ...
トゥルウス　トゥらン

● まあ先に聞いてください。

Tolong dengarkan dulu.
トろン　ドゥ(ン)ガルカン　ドゥるウ

● 私は…だと確信しています。

Saya yakin (bahwa) ......
サヤ　ヤキン　(バ(フ)ワ)

● 私はその件についてまだ迷っています。

Saya masih ragu-ragu soal itu.
サヤ　マスィ(ヒ)　ラグゥ　ラグゥ　ソアる　イトゥ

● 私の意見では、

Menurut pendapat (=hemat) saya, ...
ムヌウルッ(ト)　プンダパッ(ト)　(ヘマッ(ト))　サヤ

●私にアイデアがあります。

Saya punya ide.
サヤ　　プゥニャ　　イデ

●どういうことですか？

Bagaiman ceritanya?
バガイマナ　　　　　チュリタニャ

●あなたの意見はいかがですか？

Bagaimana pendapat Bapak (Ibu)?
バガイマナ　　　　プンダパッ(ト)　　ババッ(ク)　(イブゥ)

●もう一度説明していただけますか？

Bisa terangkan sekali lagi?
ビサ　　トゥランカン　　　スカリ　　　らギ

●私はまだよく理解できません。

Saya masih kurang mengerti.
サヤ　　　マスィ(ヒ)　　クゥラン　　　ム(ン)グルティ

歴史的にも意義のある川「ブンガワンソロ」は、中部ジャワを流れる

[3] 相づちなど

● ああ、そういうことだったんですか。私はようやくわかりました。

Oh, begitu ceritanya. Saya baru tahu.
オー　ブギトゥ　チュリタニャ　サヤ　バルゥ　タウ.

● ええ、それもいいですね。

Ya, bagus juga itu.
ヤー　バグゥス　ジュガ　イトゥ

● まあ、すごいですね。

Wah, hebat sekali!
ワー(ハ)　ヘバッ(ト)　スカり

● わあ、それは無理ですよ。

Wah, itu tidak mungkin.
ワー(ハ)　イトゥ　ティダッ(ク)　ムゥんキン

● ええ、それもできますよ。

Ya, bisa juga.
ヤー　ビサ　ジュガ

● ああ、やめてください。あとで面倒です。

Wah, jangan. Nanti repot.
ワー(ハ)　ジャ(ン)ガン　ナンティ　レポッ(ト)

● ゆっくり話してください。

Tolong bicara pelan-pelan.
トろん　ビチャラ　プらン　プらン

● さっき何とおっしゃいましたか？

Apa tadi (Bagaimana / Kenapa)?
アパ　タディ　(バガイマナ　　　クナパ　　　)

- ●本当ですか？

  Apa betul?

  アパ　　ブトゥる

- ●まさか！

  Masa!

  マサ

- ●もうよくおわかりですか？

  Sudah jelas (=mengerti)?

  スゥダ（ハ）　ジュらス　　（ム（ン）グルティ）

- ●ええ、今はもう理解できました。

  Ya, sekarang saya sudah mengerti.

  ヤー　スカらん　　　サヤ　　スゥダ（ハ）　ム（ン）グルティ

ヒンドゥー信仰を守り抜いているテングル人は「ブロモ」を聖なる山と呼び、ブロモ山は火の神（ブラフマー）が住むところと信じている。テングル人の案内で早朝ブロモ山へ登り、ご来光を拝むとこの山の偉大さを誰でも知ることができる

5 会議に出席する

①自己紹介

● 私は東京産業の池田です。

Nama saya Ikeda dari Tokyo Sangyo.
ナマ　　サヤ　　イケダ　ダリ　トウキョー　サンギョー

● 新しい製品のサンプルを持って参りました。

Saya bawa contoh produk baru.
サヤ　バワ　チョント(ホ)　プロドゥッ(ク)　バルゥ

● 本社の考えを説明するためにやってきました。

Saya datang untuk menguraikan pikiran
サヤ　ダタん　ウントゥッ(ク)　ム(ン)グライカン　ピキラン

kantor pusat.
カントル　プゥサッ(ト)

● 皆様からのインプットを期待しております。

Saya harapkan masukan-masukan dari
サヤ　ハラッ(プ)カン　マスゥカン　マスゥカン　ダリ

Bapak-Bapak dan Ibu-Ibu.
ババッ(ク)　ババッ(ク)　ダン　イブゥ　イブゥ

● 本社からのいくつかのお願いをお伝えしたいと思います。

Saya ingin sampaikan beberapa
サヤ　イ(ン)ギン　サムパイカン　ブブラパ

permintaan dari kantor pusat.
プルミンタアン　ダリ　カントル　プゥサッ(ト)

②質問をする

●質問があります。

Ada pertanyaan, Pak (Bu).
アダ　　ブルタニャアン　　　　バッ(ク)(ブゥ)

●質問してもいいですか？

Boleh saya bertanya?
ボれ(ヘ)　　サヤ　　ブルタニャ

●詳細に（具体的に）説明していただけますか？

Apakah bisa diterangkan secara
アパカ(ハ)　　ビサ　　ディトゥランカン　　スチャラ

terperinci (konkret)?
トゥルプリンチ　（コンクリッ(ト)）

●もう一度ご説明いただけますか？

Bisa diterangkan lagi?
ビサ　　ディトゥランカン　　らギ

●先程の件がよく理解できないのですが。

Soal tadi saya kurang mengerti.
ソアる　　タディ　　サヤ　　クゥらん　　ム(ン)グルティ

●ゆっくり話していただけますか？

Bisa minta bicara pelan-pelan?
ビサ　　ミンタ　　ビチャラ　　プらン　　プらン

●どういうことですか？

Maksudnya bagaimana?
マクスゥッ(ド)ニャ　　バガイマナ

そのまま使えるインドネシア語会話ビジネス編

③賛成／反対意見を述べる

会議に出席する

[1]
●アグスさんに賛成です。

Saya setuju dengan Bapak Agus.
サヤ　　ストゥジュ　　ドゥ(ン)ガン　　ババッ(ク)　　アグゥス

●先程の意見にとても賛成です。

Saya sangat setuju dengan pendapat tadi.
サヤ　　サ(ン)ガッ(ト)　ストゥジュ　ドゥ(ン)ガン　ブンダパッ(ト)　タディ

●それで結構だと思います。

Saya kira begitu saja.
サヤ　　キラ　　ブギトゥ　　サジャ

●私もそのような意見です。

Saya juga berpendapat begitu.
サヤ　　ジュガ　　ブルブンダパッ(ト)　　ブギトゥ

●基本的には私の意見は先程のアグスさんと同じです。

Pada dasarnya pendapat saya sama
パダ　　ダサルニャ　　ブンダパッ(ト)　　サヤ　　サマ

dengan Bapak Agus tadi.
ドゥ(ン)ガン　　ババッ(ク)　　アグゥス　　タディ

134

[2]

● 私はその意見には反対です。

Saya tidak setuju dengan pendapat itu.
サヤ ティダッ(ク) ストゥジュ ドゥ(ン)ガン プンダパッ(ト) イトゥ

● 私はそうは考えません。

Kalau saya tidak berpikir begitu.
カロウ サヤ ティダッ(ク) ブルピキル ブギトゥ

● 私の意見は少し異なります。

Pendapat saya agak berbeda (=lain).
プンダパッ(ト) サヤ アガッ(ク) ブルベダ (らイン)

● 私は先程のバンバンさんの意見にはあまり賛成ではありません。

Saya kurang setuju dengan pendapat
サヤ クゥらン ストゥジュ ドゥ(ン)ガン プンダパッ(ト)

Bapak Bambang tadi.
ババッ(ク) バムバン タディ

● 失礼ですが、あなたの認識は誤っていると思います。

Maaf saja, tapi saya kira anggapan
マアフ サジャ タピ サヤ キラ アんガパン

Anda salah.
アンダ さら(ハ)

● 少し考えさせていただいてもいいですか？

Boleh saya berpikir sebentar?
ボれ(ヘ) サヤ ブルピキル スブンタル

④意見を述べる

● その件についての私の意見を述べさせていただいてもいいでしょうか？

Boleh saya sampaikan pendapat
ボれ(ヘ)　サヤ　サムパイカン　プンダパッ(ト)

saya mengenai hal itu?
サヤ　ム(ン)グナイ　ハる　イトゥ

● 私は先程のイドゥリスさんの意見にコメントをしたいのですが。

Saya ingin memberi komentar
サヤ　イ(ン)ギン　ムンブリ　コメンタル

pada pendapat Bapak Idris tadi.
パダ　プンダパッ(ト)　ババッ(ク)　イドゥリス　タディ

● すみません、ヨノさんの説明に少しつけ加えたいのですが。

Maaf, saya ingin menambah sedikit
マアフ　サヤ　イ(ン)ギン　ムナムバ(ハ)　スディキッ(ト)

pada penjelasan Bapak Yono.
パダ　プンジュらサン　ババッ(ク)　ヨノ

● できれば私のアイデアを申しあげたいのですが。

Kalau boleh, saya ingin sampaikan
カろウ　ボれ(ヘ)　サヤ　イ(ン)ギン　サムパイカン

ide saya.
イデ　サヤ

● 提案があります。質問は手短にした方がいいと思います。

Saya ada usulan, Pak.
サヤ　　アダ　　ウスゥらン　　　バッ(ク)

Supaya pertanyaannya singkat saja.
スゥパヤ　　　プルタニャアンニャ　　　　スィンカッ(ト)　サジャ

● それは実際素晴らしいアイデアですが、実行するのが難しいと思います。

Itu sebetulnya ide yang bagus,
イトゥ　スブトゥるニャ　　イデ　　ヤん　　バグゥス

tapi saya kira sulit melaksanaknnya.
タピ　　サヤ　　キラ　　スゥリッ(ト)　ムらクサナカンニャ

● 資金については私は問題はないと思います。

Soal dana, saya kira, tidak ada masalah.
ソアる　ダナ　　　サヤ　　キラ　　ティダッ(ク)　アダ　　マサら(ハ)

● その件に関してましては、東京の本社に質問してなるべく早くお答えいたします。

Mengenai hal itu, nanti akan
ム(ン)グナイ　　　はる　イトゥ　ナンティ　アカン

saya tanyakan pada kantor pusat
サヤ　　タニャカン　　　パダ　　カントル　　プサッ(ト)

di Tokyo dan akan saya
ディ トウキョー　ダン　アカン　サヤ

jawab secepat-cepatnya.
ジャワッ(ブ)　スチュパッ(ト)　チュパッ(ト)ニャ

6 工場を見学する
①あいさつ

イ：私どもの工場へようこそいらっしゃいました。

Selamat datang ke pabrik kami.
スらマッ(ト)　ダタん　ク　パブリッ(ク) カミ

日：ご招待ありがとうございます。

Terima kasih atas undangannya.
トゥリマ　カスィ(ヒ)　アタス　ウンダ(ン)ガンニャ

バリ島の都市・デンパサール市内の市場「パサール・クルナン」では日常生活に必要なものは何でもそろう

● この工場へ見学に来ることができて嬉しく思います。

Saya senang sekali bisa meninjau pabrik ini.
サヤ　スナん　スカり　ビサ　ムニンジョウ　パブリッ(ク)イニ

● 一行を代表して一言申しあげたいと思います。

Saya ingin memberi sepatah
サヤ　イ(ン)ギン　ムンブリ　スパタ(ハ)

kata mewakili rombongan.
カタ　ムワキり　ロムボ(ン)ガン

● このようにお忙しい中、時間をさいて私どもを受け入れてくださり深く感謝申しあげます。

Saya mengucapkan banyak terima kasih
サヤ　ム(ン)グゥチャッ(プ)カン　バニャッ(ク)　トゥリマ　カスィ(ヒ)

karena telah meluangkan waktu untuk menerima
カルナ　トゥら(ハ)　ムるゥアンカン　ワクトゥ　ウントゥッ(ク)　ムヌリマ

kami dalam kesibukan seperti ini.
カミ　ダラム　クスィブカン　スプルティ　イニ

● 以前からこの工場を見学したいと思っておりましたのでほっとしています。

Hati saya lega karena sejak dulu ingin
ハティ　サヤ　るガ　カルナ　スジャッ(ク)ドゥるゥ　イ(ン)ギン

meninjau pabrik ini.
ムニンジャウ　パブリッ(ク)イニ

②見学前の質問

●いつこの工場は設立されたのですか？

Kapan pabrik ini didirikan?
カパン　　　パブリッ(ク) イニ　ディディリカン

●この工場はもう何年操業しているのですか？

Sudah berapa tahun pabrik ini beroperasi?
スゥダ(ハ)　ブラパ　　　タウン　　　パブリッ(ク) イニ　ブルオペラスィ

●従業員（労働者）としてここで働いているのは何人ですか？

Berapa orang yang bekerja
ブラパ　　　オラン　　ヤン　　ブクルジャ

di sini sebagai karyawan (buruh)?
ディ スィニ　スバガイ　　カルヤワン　　（ブゥルゥ(フ)）

●現在一ヶ月の生産能力はどれくらいですか？

Sekarang berapa kapasitas
スカラん　　　　ブラパ　　　カパスィタス

produksi sebulan?
プロドゥクスィ　スブゥラン

●この原料はどこから来ているのですか？

Bahan mentah ini dari mana?
バハン　　ムンタ(ハ)　イニ　ダリ　　マナ

●これらの製品は主にどこへ供給されるのですか？

Produk-produk dari pabrik ini
プロドゥッ(ク) プロドゥッ(ク) ダリ パブリッ(ク) イニ

kebanyakan disalurkan ke mana?
クバニャカン ディサルゥルカン ク マナ

●労働者のシフトは何回ですか？

Berapa kali pergantian buruhnya?
ブラパ カリ プルガンティアン ブゥルゥ(フ)ニャ

●この地域は労働力が豊富ですか？

Di daerah sini banyak tenaga kerjanya?
ディ ダエラ(ハ) スィニ バニャッ(ク) トゥナガ クルジャニャ

●労働者の質はどうですか？

Bagaimana mutu buruhnya?
バガイマナ ムゥトゥ ブゥルゥ(フ)ニャ

そのまま使えるインドネシア語会話ビジネス編

バリ島の特産品のひとつ木彫りの人形はすべて人の手作業によって作られている

③見学中の質問

●その機械の機能は何ですか？

Mesin itu fungsinya apa?
ムスィン イトゥ フゥんスィニャ アパ

●その機械の能力はどれくらいですか？

Bagaimana kemampuan mesin itu?
バガイマナ クマムプゥアン ムスィン イトゥ

●その機械はどこの（国の）製品ですか？

Mesin itu buatan mana?
ムスィン イトゥ ブゥアタン マナ

●ここで全体の工程の何％くらいが終わっているのですか？

Di sini sudah selesai berapa persen
ディ スィニ スゥダ(ハ) スるサイ ブラパ プルセン

dari proses keseluruhannya?
ダリ プロセス クスるウルゥハンニャ

●あそこにカゴがあります。あれは何のためのものですか？

Di sana ada keranjang. Itu untuk apa?
ディ サナ アダ クランジャん イトゥ ウントゥッ(ク) アパ

④見学後に

[1]
● 私はこの工場が清潔なので大変感心しています。

Saya sangat kagum karena pabrik
サヤ　サ(ン)ガッ(ト)　カグゥム　カルナ　パブリッ(ク)

ini sangat bersih.
イニ　サ(ン)ガッ(ト)　ブルスィ(ヒ)

● これほどオートメーション化が進んでいるとは思っていませんでした。

Saya tidak menyangka kalau
サヤ　ティダッ(ク)　ムニャンカ　カロウ

otomatisasinya sudah maju begini.
オトマティサスィニャ　スゥダ(ハ)　マジュ　ブギニ

● 非常に大きな工場を目にして驚いております。

Saya kaget melihat pabrik
サヤ　カゲッ(ト)　ムリハッ(ト)　パブリッ(ク)

yang begitu besar.
ヤん　ブギトゥ　ブサル

● 私たちが普段使っているものの製造工程を見ることができて、とてもうれしいです。

Saya senang sekali dapat melihat
サヤ　スナん　スカり　ダパッ(ト)　ムリハッ(ト)

proses memproduksi barang
プロセス　ムンプロドゥクスィ　バラん

yang biasa kami pakai.
ヤん　ビアサ　カミ　パカイ

工場を見学する

[2]

● 工場内を案内していただきましてありがとうございます。

Terima kasih telah diantarkan
トゥリマ　　カスィ(ヒ)　トゥら(ハ)　ディアンタルカン

dalam pabrik.
ダらム　　パブリッ(ク)

● 詳しいご説明により、この工場についてより多くのことを理解することができました。

Dengan penjelasan-penjelasan
ドゥ(ン)ガン　プンジュらサン　　　プンジュらサン

yang panjang lebar,
ヤん　　パンジャん　　れバル

sekarang saya lebih banyak
スカらん　　　サヤ　　るビ(ヒ)　バニャッ(ク)

memahami pabrik ini.
ムマハミ　　　　パブリッ(ク)　イニ

● 今度は日本の私どもの工場へどうぞお越しください。

Lain kali silakan datang
らイン　カリ　スィらカン　　ダタん

ke pabrik kami di Jepang.
ク　パブリッ(ク)　カミ　　ディ ジュパん

● お越しになるのを日本でお待ちしております。

Kami menunggu kedatangannya
カミ　　　ムヌんグゥ　　　　クダタ(ン)ガンニャ

di Jepang.
ディ ジュパん

144

【得々情報】
インドネシアの経済

　インドネシアの経済は、およそ30年続いたスハルト政権下における開発政策によって大きな変貌を遂げました。最初、石油・天然ガスを産出するインドネシアは2度にわたるオイル・ブームで巨額の外貨を獲得し、さらに外国からの資金援助を財源に経済成長しました。しかし1982年以降、原油価格の低迷に見舞われ経済が悪化します。

　その後、インドネシア政府が外国資本の受け入れを大幅に緩和したことと、1985年に世界経済の流れが「円高・ドル安」の方向へと進み、日本から東南アジアへの投資が急増したのです。東南アジアの中にあって最大（約2億人）の人口を誇り、市場としての魅力が大きく、しかも人件費が安いインドネシアを目指して続々と日本企業が進出しました。

　1980年代末頃からインドネシア経済発展は再び軌道に乗り始め、単に石油・天然ガスといった資源を輸出する大国から、工業製品の輸出国へと変わっていきました。それに伴って、権力をほしいままにするスハルト大統領のファミリーを頂点に、スハルトを取り巻く軍人や政治家、官僚ら、そして彼らに結びついて政商のように振る舞う華人資本家らが経営する民間企業が急速に発展しました。

　その後も、平均6パーセントという非常に高い経済成長の時代が続きましたが、1997年7月に隣国タイを襲った通貨危機がインドネシアにも波及し、その影響で経済は著しく悪化しました。通貨ルピアの価値は、通貨危機直前に1ドル＝2000ルピア台であったのが一時1万5000ルピアくらいにまで暴落。経済危機は政治危機をも招き、それから1年とたたない1998年5月にスハルト長期独裁政権は崩壊しました。

　スハルト政権崩壊後は政治的に不安定な状態が続き、インドネシア経済を引っ張ってきた華人資本が国外へ逃避し、そのことが一層経済を悪化させました。民主的な選挙を通じて選出されたワヒド新大統領の下でインドネシア経済は国際機関からの金融支援を受けながら再建途上にありますが、壊滅的なダメージからはなかなか立ち直れないでいます。

　インドネシアに興味を抱く日本人愛好家としては、この政治的、経済的危機を一刻も早く脱出して、以前のような安心して仕事に、また観光旅行に出かけられるインドネシアに戻ってくれることを心から願うばかりです。

7 接待を受ける
①先方の招きに応じる

イ：池田さん、土曜日の昼は予定がありますか？

Pak Ikeda sudah ada acara hari
パッ(ク) イケダ スゥダ(ハ) アダ アチャラ ハリ

Sabtu siang?
サプトゥ スィアん

日：いいえ、まだありません。

Belum ada.
ブるウム アダ

イ：それじゃあ一緒に昼食でもいかがですか？

Kalau begitu, bagaimana kalau
カろウ ブギトゥ バガイマナ カろウ

kita makan siang (ber)sama-sama?
キタ マカン スィアん (ブル)サマ サマ

日：ああ、一緒にお食事できるとはとても嬉しいです。

Wah, senang sekali bisa makan bersama.
ワー(ハ) スナん スかり ビサ マカン ブルサマ

イ：池田さんはどんな料理がお好きですか？

Pak Ikeda suka masakan
パッ(ク) イケダ スゥカ マサカン

yang bagaimana?
ヤん バガイマナ

日：私は何でも好きです。

Saya suka apa saja.
サヤ　スゥカ　アパ　サジャ

イ：インドネシア料理もお好きですか？

Suka masakan Indonesia juga?
スゥカ　マサカン　インドネシア　ジュガ

日：ええ、とても好きです。特にパダン料理が好きです。

Ya, suka sekali, terutama masakan
ヤー　スゥカ　スカリ　トゥルウタマ　マサカン

Padang.
パダん

日：でもできれば私はこの地方特有の料理を食べてみたいです。

Tapi kalau bisa, saya ingin
タピ　カロウ　ビサ　サヤ　イ(ン)ギン

mencoba masakan khas daerah sini.
ムンチョバ　マサカン　ハス　ダエラ(ハ)　イニ

イ：じゃあ、私はとてもおいしいレストランを知っています。

Kalau begitu, saya tahu restoran
カロウ　ブギトゥ　サヤ　タウ　レストラン

yang enak sekali.
ヤん　エナッ(ク)スカリ

日：そこにしましょう。

Di situ saja, ya.
ディ　スィトゥ　サジャ　ヤ

②先方の招きを断る

接待を受ける

● 申し訳ありませんが、今度の土曜日は別の約束がもうあります。

Maaf, hari Sabtu besok saya sudah
マアフ　　ハリ　　サプトゥ　　ベソッ(ク)　サヤ　スゥダ(ハ)

ada janji lain.
アダ　ジャンジ　らイン

● ご招待はありがたいのですが、事情が許しません。

Terima kasih atas undangannya,
トゥリマ　　カスィ(ヒ)　アタス　ウンダ(ン)ガンニャ

tapi keadaannya tidak mengizinkan.
タピ　クアダアンニャ　　ティダッ(ク)　ム(ン)ギズィンカン

ケチャと同様にバリ島で見られるモンキーダンス。ホテルのショーとしても演じられている

③接待を受けて待ち合わせ

日：ああ、遅れてすみません。

Wah, maaf, terlambat.
ワー(ハ)　マアフ　　トゥルらムバッ(ト)

イ：いいえ、私もさっき来たばかりなんです。

Tidak, saya juga baru datang tadi.
ティダッ(ク)　サヤ　ジュガ　バルゥ　ダタん　　タディ

イ：今日は池田さんをおもてなししようと思います。何でもお好きなものを注文してください。

Hari ini saya mau traktir Pak Ikeda.
ハリ　イニ　サヤ　マウ　トゥラクティル　パッ(ク)イケダ

Pesan apa saja yang disukai.
プサン　　アパ　サジャ　ヤん　　ディスゥカイ

イ：ここで有名なのはフライド・チキンです。でも他の料理もおいしいです。

Di sini yang terkenal adalah
ディ　スィニ　ヤん　　トゥルクナる　アダら(ハ)

ayam goreng.
アヤム　　ゴれン

Tapi masakan lain juga enak.
タピ　　マサカン　　らイン　ジュガ　エナッ(ク)

④ビジネスランチ

接待を受ける

イ：もう昼食はとられましたか？

Sudah makan siang?
スゥダ(ハ)　マカン　スィアん

日：いいえ、まだです。

Belum.
ブるゥム

イ：一緒にいかがですか？

Bagaimana kalau makan sama-sama?
バガイマナ　　カろウ　マカン　サマ　サマ

(=Mau sama-sama?)
　(マウ　　サマ　サマ)

日：ええ、いいですよ。

Ya, boleh.
ヤー　ボれ(ヘ)

イ：何を注文しますか？

Mau pesan apa?
マウ　ブサン　アパ

日：ここでは何がおいしいですか？

Apa yang enak di sini?
アパ　ヤん　エナッ(ク) ディ スィニ

イ：そうですね、ここのサテはかなりおいしいですよ。試してみますか？

Oh, sate di sini cukup enak. Mau coba?
オー　サテ　ディ スィニ チュクッ(プ) エナッ(ク) マウ　チョバ

150

イ：ご飯と一緒に食べますか、それともロントンと一緒に食べますか？

Makan dengan nasi atau
マカン　　ドゥ(ン)ガン　ナスィ　アタウ

dengan lontong?
ドゥ(ン)ガン　ろんとん

日：ロントンとはなんですか？

Apa itu lontong?
アパ　イトゥ　ろんとん

イ：これがロントンというものです。
切って普通サテと一緒に食べます。

Ini yang namanya lontong.
イニ　ヤん　ナマニャ　ろんとん

Nanti dipotong-potong dan biasa
ナンティ　ディポトん　ポトん　　ダン　ビアサ

dimakan dengan sate.
ディマカン　ドゥ(ン)ガン　サテ

日：そうですね、私はそれを食べてみます。

Ya, saya mau coba itu.
ヤー　サヤ　マウ　チョバ　イトゥ

それとお砂糖抜きのお茶を頼みます。

Dan saya mau minta teh tanpa gula.
ダン　サヤ　マウ　ミンタ　テ(ヘ)　タンパ　グぅラ

そのまま使えるインドネシア語会話ビジネス編

接待を受ける

日：今日は昼食に誘っていただきありがとうございました。

Terima kasih diajak makan siang hari ini.
トゥリマ　　カスィ(ヒ)　ディアジャッ(ク)　マカン　　スィアん　ハリ　イニ

日：新しい食べ物を食べることができてとても喜んでおります。

Saya senang sekali dapat
サヤ　　スナん　　スカり　　ダパッ(ト)

makan masakan yang baru.
マカン　　マサカン　　ヤん　　バルゥ

・・・・・・・・・・・・・・・・・・・・・・・・

イ：ああ、やめてください。私が払います。今日は私がお誘いしたんです。

Wah, jangan. Saya saja yang bayar.
ワー(ハ)　ジャ(ン)ガン　サヤ　　サジャ　ヤん　　バヤル

Hari ini saya yang mengajak.
ハリ　イニ　サヤ　　ヤん　　ム(ン)ガジャッ(ク)

日：まあ、どうもありがとうございます。

Wah, terima kasih banyak.
ワー(ハ)　トゥリマ　　カスィ(ヒ)　バニャッ(ク)

スマトラ島のくだもの市場。マンダリン(オレンジ)が人気

そのまま使える
インドネシア語会話
生活編

1 住まい探し
①新聞広告を見て

日：こんにちは、池田と申します。新聞で広告を見たんですが。

Halo, nama saya Ikeda. Saya melihat
ハロー　ナマ　サヤ　イケダ　サヤ　ムリハッ(ト)

iklan di koran.
イクらン　ディ　コラン

日：200（平方メートル）型のものはまだありますか？

Apakah rumah tipe 200 masih ada?
アパカ(ハ)　ルマ(ハ)　ティペ　ドゥア ラトゥス　マスィ(ヒ)　アダ

イ：ええ、まだありますよ。ご覧になりますか？

Ya, masih. Mau lihat?
ヤー　マスィ(ヒ)　マウ　リハッ(ト)

日：ええ、いつ見せていただけますか？

Ya, kapan boleh saya lihat?
ヤー　カパン　ボれ(ヘ)　サヤ　リハッ(ト)

イ：日曜日以外ならいつでもいいですよ。

Kapan saja kecuali hari Minggu.
カパン　サジャ　クチュアり　ハリ　ミングゥ

イ：今日でしたら、午後4時までにおいでください。

 Kalau hari ini, silakan datang
 カろウ　　ハリ　　イニ　　スィらカン　　ダタン

 sebelum jam empat.
 スブるゥム　　ジャム　ウムパッ（ト）

日：はい、よろしくお願いいたします。

 Ya, terima kasih sebelumnya.
 ヤー　トゥリマ　　カスィ（ヒ）　スブるゥムニャ

そのまま使えるインドネシア語会話 生活編

●**注意ポイント～ 住まい探し～**

1　洪水にあいやすい地域や排水溝がよく整備されていないところは避ける。腰が浸かるほどの洪水に見舞われる地域もあります。
2　雨が降ると停電しやすい地域や、電話が不通になったりしやすい地域は避ける。
3　モスクのそばは夜明け前にスピーカーからアザーン（「礼拝をしましょう」の合図）が流れるので気になる人は避けたほうが無難。
4　学校のそばは避ける。登下校時に道路が混雑し、騒々しいからです。
5　バス通りのそばは避ける。騒音や排気ガスが気になります。
6　家具に問題がないかチェックし、問題があれば交換してもらう。
7　自家用車の出し入れに問題がないかガレージをチェックする。
8　雨漏りなどの修理責任が家主であることを確認する。
9　電気のスイッチ、エアコンの機能に問題がないか、各ドアに鍵がついているか、水まわりに問題がないかなどチェックする。
10　会社までの所要時間を確認する。あまり会社に近いと溜まり場になることもあります。

②ブローカーを通じて探す

住まい探し

日：家族のため家を借りなければなりません。

Saya harus kontrak rumah untuk keluarga.
サヤ　　ハルゥス　コントゥラッ（ク）ルゥマ（ハ）ウントゥッ（ク）クるゥアルガ

イ：どの辺りに家をお探しですか？

Cari rumah di daerah mana?
チャリ　ルゥマ（ハ）　ディ　ダエラ（ハ）　マナ

日：できれば、タムリン通りのオフィスから近いといいのですが。

Kalau bisa, dekat dari kantor
カろウ　　ビサ　　ドゥカッ（ト）ダリ　　カントル

di jalan Thamrin.
ディ　ジャらン　タムリン

イ：高級住宅をお探しですか、それとも中級のものですか？

Cari rumah mewah atau menengah?
チャリ　ルゥマ（ハ）　メワ（ハ）　　アトウ　ムヌ（ン）ガ（ハ）

日：できれば年3千ドル以下でと考えています。

Kalau bisa, di bawah tiga ribu dolar
カろウ　　ビサ　　ディ バワ（ハ）　ティガ　　リブゥ　ドラル

setahun.
スタウン

イ：どういったタイプのものをお望みですか？

Mau tipe yang bagaimana?
マウ　　ティペ　ヤん　　バガイマナ

日：私はコンドミニアムを探しています。

　　Saya cari kondominium.
　　サヤ　　チャリ　　コンドミニウム

日：そしてもう家具がついているものです。

　　Dan yang sudah ada perabotnya.
　　ダン　ヤん　スゥダ(ハ)　アダ　プラボッ(ト)ニャ

イ：もし見て回りたければ、案内できますよ。

　　Kalau mau lihat-lihat, saya bisa antar.
　　カロウ　マウ　リハッ(ト)リハッ(ト)　サヤ　ビサ　アンタル

イ：今日ご覧になりますか？

　　Mau lihat-lihat hari ini?
　　マウ　リハッ(ト)リハッ(ト)　ハリ　イニ

日：今日はもう時間が十分ありません。

　　Hari ini sudah tidak cukup waktunya.
　　ハリ　イニ　スゥダ(ハ)　ティダッ(ク)　チュクッ(プ)　ワクトゥニャ

日：電話で直接その家について尋ねたいのですが。

　　Saya ingin bertanya tentang rumah itu
　　サヤ　イ(ン)ギン　ブルタニャ　トゥンタん　ルゥマ(ハ)　イトゥ

　　langsung lewat telepon.
　　らんスゥん　れワッ(ト)　テれポン

日：家主さんの電話番号を教えていただけますか？

　　Bisa minta nomor telepon pemilik rumah?
　　ビサ　ミンタ　ノモル　テれポン　プミリッ(ク)　ルゥマ(ハ)

③電話で直接条件を尋ねる

日：こんにちは、池田と申します。

Halo, nama saya Ikeda.
ハロー　ナマ　サヤ　イケダ

日：ヨノさんからお家を貸していらっしゃると伺ったのですが。

Saya dengar dari Pak Yono bahwa
サヤ　ドゥ(ン)ガル　ダリ　バッ(ク)ヨノ　バ(フ)ワ
Ibu mengontrakkan(=menyewakan) rumah.
イブゥ　ム(ン)ゴントゥラッ(ク)カン　(ムニェワカン)　ルゥマ(ハ)

イ：ええ、そうですが。

Ya, betul.
ヤー　ブトゥる

日：寝室が3室あるものはありますか？

Apakah ada yang kamar tidurnya tiga.
アパカ(ハ)　アダ　ヤん　カマル　ティドゥルニャ　ティガ

イ：ええ、ちょうど寝室が3つある空き家がありますよ。

Ya, kebetulan saya punya rumah
ヤー　クブトゥらン　サヤ　プゥニャ　ルゥマ(ハ)
kosong yang kamar tidurnya ada tiga.
コソん　ヤん　カマル　ティドゥルニャ　アダ　ティガ

イ：ご覧になってみますか？

Mau coba lihat?
マウ　チョバ　リハッ(ト)

日:その前にいくつかおたずねしたいのですが。

Sebelumnya boleh saya tanya-tanya
スブるゥムニャ　　　ボれ(へ)　サヤ　　タニャ　タニャ
dulu?
ドゥるゥ

イ:ええ、どうぞ。

Ya, silakan.
ヤー　スィらカン

テンパサール市内で見られる「バロンダンス」はラーマヤナの物語りをもとに作られたダンス劇。約1時間のストーリーにまとめられている

④様々な質問事項

●家までの道路は車が入れますか？

Apa jalan ke rumahnya bisa masuk mobil?
アパ　ジャラン　ク　ルゥマ(ハ)ニャ　ビサ　マスッ(ク)　モビる

●ガレージには車が２台入りますか？

Garasinya muat dua mobil?
ガラスィニャ　ムゥアッ(ト)　ドゥア　モビる

●各部屋にエアコンがありますか？

Ada AC di setiap kamar?
アダ　アーセー　ディ　スティアッ(プ)　カマル

●電話はありますか？

Ada telepon?
アダ　テれポン

●その電話は国際電話が可能ですか？

Teleponnya bisa telepon internasional?
テれポンニャ　ビサ　テれポン　イントゥルナスィオナる

●その家は上の階がありますか、それとも平屋ですか？

Rumahnya bertingkat atau tidak?
ルゥマ(ハ)ニャ　ブルティンカッ(ト)　アトウ　ティダッ(ク)

●その家は築何年ですか？

Rumah itu sudah berumur berapa tahun?
ルゥマ(ハ)　イトゥ　スゥダ(ハ)　ブルウムゥル　ブラパ　タウン

住まい探し

●プールはありますか？

Ada kolam renangnya?
アダ　コらム　　　ルナんニャ

●一年間の家賃はいくらですか？

Berapa sewa satu tahun?
ブラパ　　セワ　　　サトゥ　　タウン

●一年間の契約金はいくらですか？

Berapa harga kontrak setahun?
ブラパ　　　ハルガ　　　コントゥラッ(ク) スタウン

●雨期にはこの地域はよく洪水にあいますか？

Kalau musim hujan,
カろウ　　ムゥスィム　　フゥジャン

daerah ini suka kebanjiran?
ダエラ(ハ)　イニ　スゥカ　　　クバンジラン

●ガードマンはいますか？

Ada penjaganya?
アダ　　ブンジャガニャ

●車で空港までどれくらいかかりますか？

Kira-kira berapa lama ke bandara
キラ　キラ　ブラパ　　らマ　　ク　　バンダラ

dengan mobil?
ドゥ(ン)ガン　モビる

●治安はどうですか？

Bagaimana masalah keamanannya?
バガイマナ　　　　マサら(ハ)　　クアマナンニャ

⑤知人に下宿探しを依頼

日：私、下宿を探さないといけないんです。
　　Saya harus mencari kos, Bu.
　　サヤ　　ハルゥス　　ムンチャリ　　コス　　ブゥ

日：奥さんのお知り合いで下宿をお持ちの方はいますか？
　　Ada kenalan Ibu yang punya kos?
　　アダ　　クナラん　　イブゥ　ヤん　　プニャ　　コス

イ：そうねえ、今度友人たちに聞いておくわ。
　　Ya, nanti saya tanya pada
　　ヤー　ナンティ　サヤ　タニャ　　パダ
　　teman-teman saya, ya.
　　トゥマン　トゥマン　サヤ　ヤ

イ：来週ここへまた来られる？
　　Minggu depan bisa ke sini lagi?
　　ミんグゥ　　ドゥパン　　ビサ　ク　スィニ　らギ

日：ええ、来られます。ありがとうございます。
　　Bisa. Terima kasih banyak, Bu.
　　ビサ　　トゥリマ　　カスィ(ヒ)　バニャッ(ク)　　ブゥ

⑥自分で下宿探し

日：下宿が多い地域はどこですか？

Di mana daerah yang banyak kosnya?
ディ マナ　ダエラ(ハ)　ヤん　バニャッ(ク)　コスニャ

イ：下宿が多いのはあの辺りです。

Yang banyak kosnya di daerah sana.
ヤん　バニャッ(ク)　コスニャ　ディ ダエラ(ハ)　サナ

・・・・・・・・・・・・・・・・・・・・・・・

日：こんにちは。こちらは下宿ですか？

Selamat siang, Bu. Apa ini rumah kos?
スラマッ(ト)　スィアん　ブゥ　アパ　イニ　ルゥマ(ハ)　コス

イ：ええ、そうですよ。下宿したいの？

Ya, betul. Mau indekos?
ヤー　ブトゥる　マウ　インデコス

日：ええ、まだ空き部屋はありますか？

Ya, Bu. Masih ada kamar kosong, Bu?
ヤー　ブゥ　マスィ(ヒ)　アダ　カマル　コソん　ブゥ

イ：ええ、まだあるわよ。

Ya, masih.
ヤー　マスィ(ヒ)

日：部屋を見せていただいてもいいですか？

Boleh saya lihat kamarnya?
ボれ(ヘ)　サヤ　りハッ(ト)　カマルニャ

そのまま使えるインドネシア語会話 生活編

⑦実際に住居を回ってみる

●この家を管理しているのは奥さんご自身なんですか？

Yang mengurus rumah ini Ibu sendiri?
ヤン　　ム(ン)グゥルウス　　ルゥマ(ハ)　イニ　イブゥ　スンディリ

●奥様は普段はジャカルタに住んでいるのですか？

Ibu biasanya tinggal di Jakarta?
イブゥ　ビアサニャ　　ティんガる　　ディ　ジャカルタ

●乾期の時、水はよく出ますか？

Waktu musim kemarau airnya lancar?
ワクトゥ　　ムゥスィム　　クマロウ　　アイルニャ　らンチャル

●洗濯の場所はどこですか？

Di mana tempat cuci pakaian?
ディ　マナ　　トゥムパッ(ト)　チュチ　パカイアン

●物干し場はありますか？

Ada tempat jemuran?
アダ　　トゥムパッ(ト)　ジュムゥラン

●台所は使っていいのですか？

Boleh pakai dapurnya?
ボれ(ヘ)　　パカイ　　ダプゥルニャ

● ラッシュ時間にはこの道は混みませんか？

Pada jam-jam sibuk jalan ini tidak
パダ　　ジャム　ジャム　スィブゥッ(ク)　ジャラン　イニ　ティダッ(ク)

macet?
マチェッ(ト)

● 一番近い市場はどこですか？

Di mana pasar yang terdekat?
ディ　マナ　　　パサル　　　ヤん　　トゥルドゥカッ(ト)

● もし雨漏りした場合には、誰が修理するのですか？

Kalau atapnya bocor, siapa yang harus
カろウ　　アタッ(プ)ニャ　ボチョル　　スィアパ　　ヤん　　ハルゥス

perbaiki?
プルバイキ

● このタンスが気に入らないのですが、新しいものと取り替えてもらえませんか？

Saya tidak suka lemari ini.
サヤ　　ティダッ(ク)　スゥカ　　るマリ　　　イニ

Bisa minta ditukar dengan yang baru?
ビサ　　ミンタ　　ディトゥカル　　ドゥ(ン)ガン　　ヤん　　バルゥ

そのまま使えるインドネシア語会話 生活編

住まい探し

⑧契約を交わす／見合わせる

[1] 契約する場合

日：昨日の家を契約したいのですが。

Saya ingin mengontrak rumah kemarin.
サヤ　イ(ン)ギン　ム(ン)ゴントゥラッ(ク)　ルゥマ(ハ)　クマリン

イ：どれくらいの期間ですか？

Untuk berapa lama?
ウントゥッ(ク)　ブラパ　らマ

日：まだわかりませんが、約3年です。

Belum pasti, tapi kira-kira tiga tahun.
ブるゥム　パスティ　タピ　キラ　キラ　ティガ　タウン

イ：それではまず2年契約で、後で延長していただきます。

Kalau begitu, kontraknya dua tahun dulu.
カろウ　ブギトゥ　コントゥラッ(ク)ニャ　ドゥア　タウン　ドゥるゥ

Nanti diperpanjang.
ナンティ　ディプルパンジャん

日：支払方法はどうなりますか？

Bagaimana cara pembayarannya?
バガイマナ　チャラ　ブムバヤランニャ

イ：一回もしくは二回の支払いが可能です。

Bisa satu kali atau dua kali bayar.
ビサ　サトゥ　かリ　アトゥ　ドゥア　かリ　バヤル

日：じゃあ、二回にします。

　Ya, dua kali saja, kalau begitu.
　ヤー　ドゥア　かり　サジャ　カロウ　ブギトゥ

イ：この用紙にご記入ください。

　Tolong isi formulir ini.
　トろン　イスィ　フォルムゥリル　イニ

[2] もし見合わせる場合
●昨日奥様の家を契約したいと言ったのですが、やめておきます。

　Kemarin saya bilang ingin kontrak
　クマリン　サヤ　びらン　イ(ン)ギン　コントゥラッ(ク)

　rumah Ibu, tapi tidak jadi.
　ルゥマ(ハ)　イブゥ　タピ　ティダッ(ク)　ジャディ

●昨日の家の契約をキャンセルしたいのですが。

　Saya mau batalkan kontrak rumah kemarin.
　サヤ　マウ　バタるカン　コントゥラッ(ク)　ルゥマ(ハ)　クマリン

＜契約期間の延長＞
●契約期間を延長したいのですが。

　Saya ingin memperpanjang masa
　サヤ　イ(ン)ギン　ムンプルパンジャン　マサ

　kontrakannya.
　コントゥラッ(ク)ニャ

●手続きはどうしたらよろしいですか？

　Bagaimana prosedurnya?
　バガイマナ　プロセドゥルニャ

そのまま使えるインドネシア語会話 生活編

2 お手伝いさん探し
①面接をする

日：その人とまず面接をしたいのですが。

Saya ingin wawancara dulu dengan orang itu.
サヤ イ(ン)ギン ワワンチャラ ドゥるウ ドゥ(ン)ガン オらん イトゥ

イ：それでは、あした私が彼女をここへ連れてきましょう。

Kalau begitu, besok saya bawa dia ke sini.
カろウ ブギトゥ ベソッ(ク) サヤ バワ ディア ク スィニ

・・・・・・・・・・・・・・・・・・・・・・・・

日：もう何年くらいお手伝いさんをしていますか？

Sudah berapa lama menjadi pembantu?
スゥダ(ハ) ブラパ らマ ムンジャディ プムバントゥ

イ：ようやく1年です、ご主人（奥様）。

Baru satu tahun, Tuan (Nyonya).
バルゥ サトゥ タウン トゥアン （ニョニャ）

日：ああ、Tuan(Nyonya)とは呼ばないでくれ。

Ah, jangan panggil Tuan (Nyonya).
アー ジャ(ン)ガン パんギる トゥアン （ニョニャ）

日：Bapak (Ibu)と呼んでくれ。

Panggil saja Bapak (Ibu).
パんギる サジャ ババッ(ク) （イブ）

168

日：以前はインドネシア人の家で働いていたの、それとも外国人の家？

Dulu bekerja di rumah orang Indonesia atau orang asing?
ドゥるゥ　ブクルジャ　ディ　ルゥマ(ハ)　オラん　インドネスィア　アトウ　オラん　アスィん

イ：アメリカ人の家でした。

Di rumah orang Amerika, Bu.
ディ　ルゥマ(ハ)　オラん　アメリカ　ブゥ

日：以前働いていたところでは料理をしていたの、それとも洗濯？

Di tempat kerja dulu masak atau cuci?
ディ　トゥムパッ(ト)　クルジャ　ドゥるゥ　マサッ(ク)　アトウ　チュチ

イ：両方でした。

Dua-duanya, Bu.
ドゥア　ドゥアニャ　ブゥ

日：結婚の予定はもうあるの？

Sudah ada rencana kawin?
スゥダ(ハ)　アダ　ルンチャナ　カウィン

イ：まだです。

Belum, Bu.
ブるゥム　ブゥ

そのまま使えるインドネシア語会話 生活編

②雇用条件を伝える

お手伝いさん探し

[1] 給与に関して

●まず一週間働いてみてちょうだい。働きぶりを見たいから。

Coba bekerja seminggu dulu,
チョバ　ブクルジャ　スミんグゥ　ドゥるゥ

saya mau lihat dulu cara kerjanya.
サヤ　マウ　りハッ(ト)　ドゥるゥ　チャラ　クルジャニャ

●月給は12万ルピアよ。

Gaji bulanannya 120 ribu rupiah.
ガジ　ブゥらナンニャ　スラトゥス　ドゥア　プゥるゥ(フ)　リブゥ　ルゥピア(ハ)

●お給料は毎月月末に支払うわ。

Saya akan bayar gajinya setiap
サヤ　アカン　バヤル　ガジニャ　スティアッ(プ)

akhir bulan.
アヒル　ブゥラン

●毎週末にお給料をあげるわ。

Saya kasih gaji setiap akhir minggu.
サヤ　カスィ(ヒ)　ガジ　スティアッ(プ)　アヒル　ミんグゥ

●これが7月分の給料よ。

Ini gaji untuk bulan Juli, ya.
イニ　ガジ　ウントゥッ(ク)　ブゥラン　ジュり　ヤ

[2] 休暇に関して

● あなたは一ヶ月に二日休んでもいいですよ。

Kamu boleh libur dua hari dalam sebulan.
カムゥ　ボれ(ヘ)　りブゥル　ドゥア　ハリ　ダラム　スブゥラン

● それは第2日曜日と第4日曜日です。

Yaitu hari minggu kedua dan keempat.
ヤイトゥ　ハリ　ミングゥ　クドゥア　ダン　クウムパッ(ト)

● 休日にはあなたは何もする必要はありません。

Pada hari libur kamu tidak perlu(=usah)
パダ　ハリ　りブゥル　カムゥ　ティダッ(ク)ブルるゥ　ウサ(ハ)

bekerja apa-apa.
ブクルジャ　アパ　アパ

（＊kamuは「お前」のニュアンスを持つので、目下にのみ使うことに注意。
また、なるべく名前で呼ぶ方がよい。）

● ルバラン（断食明け）の時には10日間休暇をあげます。

Pada waktu Lebaran saya kasih cuti
パダ　ワクトゥ　るバラン　サヤ　カスィ(ヒ)　チュティ

10 hari untuk pulang kampung.
スプゥるゥ(フ)　ハリ　ウントゥッ(ク)　プらン　カムプゥン

● 今度のルバランにはルバランが終わるまで帰らないで。

Tolong untuk Lebaran ini jangan pulang
トろん　ウントゥッ(ク)　るバラン　イニ　ジャ(ン)ガン　プらン

dulu sampai selesai Lebaran.
ドゥルゥ　サムパイ　スるサイ　るバラン

[3] 食事に関して

●あなた（←お前）の食費として一ヶ月3万あげます。

Saya kasih 30 ribu sebulan
サヤ　　　カスィ(ヒ)　ティガ　ブゥるゥ(フ)　リブゥ　スブらん

untuk biaya makan kamu.
ウントゥッ(ク)　ビアヤ　　マカン　　　カムゥ

●だから自炊してね。

Jadi masak sendiri, ya.
ジャディ　マサッ(ク)　　スンディリ　　　ヤ

●基本的にはあなたは私たちのご飯とおかずからとってかまわないわ。

Pada dasarnya kamu boleh ambil nasi
パダ　　　ダサルニャ　　　カムゥ　　ボれ(ヘ)　アムビる　ナスィ

dan lauk-pauk untuk kami.
ダン　　らウッ(ク)　パウッ(ク)　ウントゥッ(ク)　カミ

●でも料理が合わないときには、自炊してね。

Tapi kalau tidak cocok masakannya,
タピ　　　カろウ　　ティダッ(ク)　チョチョッ(ク)　マサカンニャ

masak sendiri, ya.
マサック　　スンディリ　　　ヤ

●それから、食事は台所か自分の部屋でとってね。

Dan makannya di dapur atau di kamar
ダン　　マカンニャ　　　　ディ　ダプゥル　　アトウ　　ディ　カマル

sendiri, ya.
スンディリ　　ヤ

お手伝いさん探し

【得々情報】
インドネシアのお手伝いさん事情

　ジャカルタにお手伝いさんとして出稼ぎにやってきている人の多くは、中部ジャワなどの貧しい農村出身の女の子です。小学校を卒業するかしないかの年齢で都市へ出稼ぎにやってきて、結婚するのと同時に辞めて、田舎に帰っていきます。

　彼女たちは、小学校でインドネシア語をそれなりに身につけてはいますが、地方語で日常生活を送っているため、フォーマルなインドネシア語を話すことは少なく発音もなまりがちです。そのため日本人が、お手伝いさんの話すインドネシア語をすぐに聞き取れないとしても仕方のないことでしょう。

　お手伝いさんは、通いと住み込みに分かれます。単身赴任の１人暮らしであれば、通いのお手伝いさんで十分でしょう。家族で生活している場合には、住み込みのお手伝いさんを料理係と洗濯係に分けて２人くらい雇うのが一般的です。

　外国人の家庭で働いた経験もあり、よく気のつくしっかり者のお手伝いさんに当たると楽ですが、その逆の場合は苦労しますから、採用する時は慎重に選ばなければなりません。

　インドネシアでは、本採用の前に３ヶ月の試用期間（ｍａｓａ ｐｅｒｃｏｂａａｎ マサ プルチョバアン）を設ける習慣があります。この間に働きぶりに問題がある場合には、雇用しなくていいよう最初に確認しておきます。

　最初に禁止事項をはっきりさせておくことも、後でのトラブルを防ぐために必要です。例えば、電話の無断使用の禁止、テレビを見てもよい時間帯、休日の門限、無断外泊の禁止、雇い主の許可なく他人を入れないことなどです。

　給与は月末払いが一般的ですが、来客があった時など、仕事が増えた場合にはそのつど別に手当を払ってあげましょう。

　彼女たちのほとんどはムスリムです。年に一度のルバラン（断食明け）休暇は皆自分の田舎に帰り、親戚が一同に集う年に一度の機会なので、雇い主側もどこかへ旅行に行くなどして、なるべく帰省させてあげられるようにしたいものです。

③ お手伝いさんに指示する
①一日のルーティンワークを指示

● 朝、リスはまず部屋を掃除して庭を掃いてね。

Pagi, Ris bersihkan kamar dan sapu
パギ　リス　ブルスィ(ヒ)カン　カマル　　ダン　サプゥ

halaman dulu, ya.
ハラマン　　ドゥるゥ　ヤ

● そうして7時には私たちは一緒に食事の支度をするのよ。

Lalu jam 7 kita masak bersama-sama.
らるゥ　ジャム トゥジュ(フ) キタ マサッ(ク) ブルサマ　サマ

● トゥティは朝食前に洗濯をして干しておいてね。

Kalau Tuti, sebelum makan pagi,
カラウ　　トゥティ　スブるゥム　　マカン　　パギ

cuci pakaian dan selesai jemur dulu, ya.
チュチ　パカイアン　ダン　　スルサイ　　ジュムゥル　ドゥるゥ　ヤ

● あなたはこの洗濯機を使っていいわ。

Kamu boleh pakai mesin cuci ini.
カムゥ　　ボれ(ヘ)　パカイ　　ムスィン　　チュチ　イニ

● でも洗濯物が少しの時には手で洗ってね。

Tapi kalau cuciannya hanya sedikit,
タピ　　カラウ　チュチアンニャ　　ハニャ　スディキッ(ト)

dengan tangan saja, ya.
ドゥ(ン)ガン　タ(ン)ガン　サジャ　ヤ

174

● 8時頃に食事をとるわ。

Kira-kira jam 8 kita makan.
キラ　キラ　　ジャム　ドゥらパン　キタ　　マカン

● 食事の後は、リスが食卓を片づけて、トゥティは市場へ買い物へ行ってちょうだいね。

Sesudah makan, Ris bersihkan meja
ススウダ(ハ)　　マカン　　　リス　　ブルスィ(ヒ)カン　　メジャ

dan Tuti belanja ke pasar, ya.
ダン　トゥティ　ブランジャ　ク　パサル　　ヤ

● 11時にはまた昼食の支度を始めるわ。

Jam 11 kita mulai masak lagi
ジャム　スブらス　キタ　　ムゥライ　マサッ(ク)　ラギ

untuk makan siang.
ウントゥッ(ク)　マカン　　スィアん

● お昼を食べたら、トゥティが食卓を片づけてお皿を洗ってね。

Sesudah makan siang,
ススウダ(ハ)　　マカン　　スィアん

Tuti bersihkan meja dan cuci piring, ya.
トゥティ　ブルスィッカン　　メジャ　ダン　チュチ　ピりン　　ヤ

● そしてリスは今朝洗った洗濯物にアイロンをかけてね。

Dan Ris menyetrika(=seterika) pakaian
ダン　リス　　ムニュトゥリカ　　（ストゥリカ）　　パカイアン

yang sudah dicuci tadi.
ヤん　　スウダ(ハ)　ディチュチ　タディ

お手伝いさんに指示する

● その後は、夕方6時まで休んでいていいわ。

Sesudah itu, boleh istirahat sampai sore
ススゥダ(ハ)　イトゥ　ボレ(ヘ)　イスティラハッ(ト)　サムパイ　　ソレ

kira-kira jam 6.
キラ　キラ　ジャム　ウナム

● 6時から夕食の準備をしないといけないわ。

Dari jam 6 kita harus siapkan makan
ダリ　ジャム　ウナム　キタ　ハルゥス　スィアッ(プ)カン　マカン

malam.
マらム

● 3人で料理しましょうね。

Kita masak bertiga, ya.
キタ　マサッ(ク)　ブルティガ　　ヤ

● 夫は7時に帰ってくるの。

Suami saya akan pulang jam 7.
スゥアミ　サヤ　アカン　プゥらン　ジャム　トゥジュ(フ)

● 食事が済んだらトゥティは食卓を片づけてお皿を洗ってね。

Setelah makan, Tuti bersihkan meja
ストゥら(ハ)　マカン　　トゥティ　ブルスィ(ヒ)カン　メジャ

dan cuci piring, ya.
ダン　チュチ　ピりン　　ヤ

②仕事の内容の変わる日

● 明日私たちは朝早く出かけるから、6時半には朝食の準備をお願いね。

Besok kami akan berangkat pagi-pagi.
ベソッ(ク) カミ アカン ブランカッ(ト) パギ パギ

Tolong siapkan makan paginya
トろん スィアッ(プ)カン マカン パギニャ

jam setengah 7, ya.
ジャム ストゥ(ン)ガ(ハ) トゥジュ(フ) ヤ

● 今日は私は早く帰れないの。だから私たちの夕食を2人で作っておいてね。

Hari ini saya tidak bisa pulang cepat.
ハリ イニ サヤ ティダッ(ク) ビサ プらン チュパッ(ト)

Tolong masakkan
トろん マサッ(ク)カン

makan malam untuk kami, ya.
マカン マらム ウントゥッ(ク) カミ ヤ

● 今夜は私たちは外で食事をするわ。だから私たちの夕食を作る必要はないわ。

Nanti malam kami makan di luar,
ナンティ マらム カミ マカン ディ るアル

jadi tidak usah masak makan malam
ジャディ ティダッ(ク) ウサ(ハ) マサッ(ク) マカン マらム

untuk kami.
ウントゥッ(ク) カミ

そのまま使えるインドネシア語会話生活編

③掃除・洗濯に関して

[1] 全自動洗濯機の使い方を説明する

●この洗濯機の使い方を説明するわね。

Saya terangkan cara pakai mesin cuci ini, ya.
サヤ　トゥランカン　チャラ　パカイ　ムスィン　チュチ　イニ　ヤ

●まず洗濯物を入れて、それからこのボタンを押すの。

Masukkan dulu cuciannya, lalu tekan tombol ini.
マスッカン　ドゥるゥ　チュチアンニャ　らるゥ　トゥカン　トムボる　イニ

●そうしたら水が勝手にはいるわ。あとは洗剤を入れるだけよ。

Nanti airnya masuk sendiri. Kamu tinggal masukkan sabun cucinya saja.
ナンティ　アイルニャ　マスゥッ（ク）　スンディリ　カムゥ　ティんガる　マスッカン　サブゥン　チュチニャ　サジャ

●でももし汚れのひどいものがあったら、きれいになるまでブラシでこすってね。

Tapi kalau ada yang kotor sekali, disikat dulu sampai bersih, ya.
タピ　カろウ　アダ　ヤん　コトル　スカり　ディスィカッ（ト）ドゥるゥ　サムパイ　ブルスィ（ヒ）　ヤ

お手伝いさんに指示する

● それからふたをするのを忘れないように。

Jangan lupa tutup tutupannya.
ジャ(ン)ガン　るゥパ　トゥトゥッ(プ)　トゥトゥバンニャ

● もしふたを閉めるのを忘れたら機械が止まってしまうわ。

Kalau lupa menutup(=tutup) tutupannya,
カろウ　るゥパ　ムヌゥトゥッ(プ)　トゥトゥッ(プ)　トゥトゥバンニャ

mesinnya tidak jalan nanti.
ムスィンニャ　ティダッ(ク)　ジャらン　ナンティ

● そうそう。赤ちゃんの洋服にはこの洗剤を使ってね。

Oh, ya. Untuk pakaian bayi,
オー　ヤー　ウントゥッ(ク)　パカイアン　バイ

pakai sabun ini, ya.
パカイ　サブゥン　イニ　ヤ

[KEY WORDS]
ブロークンなインドネシア語

cuci	チュチ	→	nyuci	ニュチ	洗う
cari	チャリ	→	nyari	ニャリ	探す
setrika	ストゥリカ	→	nyetrika	ニュトゥリカ	アイロンをかける
sampai	サンパイ	→	nyampe	ニャンペ	着く
sudah	スウダ(ハ)	→	udah	ウダ(ハ)	もう
tidak	ティダッ(ク)	→	ndak/ nggak	ンダッ(ク)/ンガッ(ク)	～ない、いいえ
saja	サジャ	→	aja	アジャ	～だけ
hujan	フゥジャン	→	ujan	ウジャン	雨
sebentar	スブンタル	→	entar	ウンタル	少しの間
barangkali	バランカリ	→	kali	カリ	たぶん～だろう
sedikit	スディキッ(ト)	→	dikit	ディキッ(ト)	少し

お手伝いさんに指示する

[2] 洗濯物についての指示

●夫（ご主人）の背広は家で洗ってはだめよ。

Jas Bapak tidak boleh cuci di rumah, ya.
ジャス ババッ(ク) ティダッ(ク) ボれ(ヘ) チュチ ディ ルゥマ(ハ) ヤ

●このカゴの中の洋服は全部クリーニングに出すの。

Pakaian-pakaian di dalam kerangjang ini
パカイアン パカイアン ディ ダらム クランジャん イニ

semua dibawa ke binatu.
スムゥア ディバワ ク ビナトゥ

●これをクリーニング屋に持っていくようヤントにいっておいてね。

Suruh Yanto bawa ini ke binatu, ya.
スゥルゥ(フ) ヤント バワ イニ ク ビナトゥ ヤ

●洋服はもう干したの？

Pakaiannya sudah dijemur?
パカイアンニャ スゥダ(ハ) ディジュムゥル

●これはたたまなくてもハンガーに掛けておいて。

Ini tidak usah dilipat, hanya
イニ ティダッ(ク) ウサ(ハ) ディりパッ(ト) ハニャ

digantungkan saja.
ディガントゥんカン サジャ

●これはアイロンをかけなくていいわ。

Ini tidak perlu disetrika.
イニ ティダッ(ク) プルるゥ ディストゥリカ

180

④掃除の仕方について

- 掃いてからこの雑巾でふいてね。

    Setelah disapu, dilap dengan kain
    ストゥら(ハ)　ディサプウ　ディらッ(プ)ドゥ(ン)ガン　カイン

    pel ini, ya.
    ぺる　イニ　ヤ

- この部屋（庭/窓）を掃除してね。

    Bersihkan kamar
    ブルスィ(ヒ)カン　カマル

    (halaman / jendela) ini, ya.
    （ハらマン　　ジュンデら）　イニ　ヤ

- もう一度掃除してみて。まだ汚れてるわ。

    Coba bersihkan sekali lagi.
    チョバ　ブルスィ(ヒ)カン　スカり　らギ

    Ini masih kotor.
    イニ　マスィ(ヒ)　コトル

- シーツを交換してちょうだい。

    Tolong ganti sepreinya.
    トろん　ガンティ　スプレイニャ

- 床をふくのにテーブル用のふきんを使ってはだめよ。

    Untuk ngelap lantai tidak boleh
    ウントゥッ(ク)(ン)グらッ(プ)　らンタイ　ティダッ(ク)　ボれ(ヘ)

    pakai kain lap untuk meja, ya.
    パカイ　カイン　らッ(プ)　ウントゥッ(ク)　メジャ　ヤ

そのまま使えるインドネシア語会話 生活編

お手伝いさんに指示する

● 床を掃除するのにナイフを使わないでね。

Untuk bersihkan lantai jangan
ウントゥッ(ク) ブルスィッカン ランタイ ジャ(ン)ガン

pakai pisau, ya.
パカイ ピサウ ヤ

● あとで客間に殺虫剤をまいておいてね。

Nanti kamar tamunya disemprot, ya.
ナンティ カマル タムゥニャ ディスムプロッ(ト) ヤ

バリ島のクルンクンの町の中心には「クルタ・ゴサ」という宮廷と裁判所跡がある。この小さな宮廷はまわりをぐるりと堀で囲まれていて、さながら浮かぶ宮殿だ。内部にはワヤン・スタイルの壁画がめいっぱい描かれている

⑤料理に関して

[1] 作るものを指示する

●お湯を沸かしてちょうだい。

Tolong buat air panas.
トろん　　ブゥアッ(ト) アイル パナス

(=Tolong masak air.)
（トろん　　マサッ(ク)　アイル）

●目玉焼き(スクランブルエッグ)を作ってちょうだい。

Tolong buat telor(=telur) mata sapi
トろん　　ブゥアッ(ト) トゥロル （トゥるウル） マタ　　サピ

(telor orak-arik).
（トゥろル　オラッ(ク) アリッ(ク)）

●黄身は半熟にしてね。

Kuning telornya setengah matang, ya.
クゥニん　　トゥろルニャ　ストゥ(ン)ガ(ハ)　マタん　　　　ヤ

●昼食にはチャーハンを作ってちょうだい。

Untuk makan siang tolong masak
ウントゥッ(ク) マカン　　スィアん　トろん　　マサッ(ク)

nasi goreng.
ナスィ　ゴレん

そのまま使えるインドネシア語会話 生活編

お手伝いさんに指示する

[2] 温める・冷やす

● このスープを温めてちょうだい。

Tolong panaskan sup ini.
トろン　　　パナスカン　　　スッ(プ)イニ

● このビールを冷蔵庫で冷やしてちょうだい。

Tolong dinginkan bir ini di kulkas.
トろン　　　ディ(ン)ギンカン　ビル イニ ディ クゥるカス

● このアイスクリームは冷凍庫にしまってね。

Es krim ini disimpan di frizer, ya
エス クリム　イニ ディスィムパン　ディ フリーザル　ヤ

[3] 洗う・切る・下味をつける

● このお米（野菜）を洗ってちょうだい。

Tolong cuci beras (sayur) ini.
トろン　　　チュチ ブラス　（サユゥル）　イニ

● ジャガイモは皮をむいてこれくらいに切ってね。

Kentangnya dikupas
クンタンニャ　　　　ディクゥパス

dan dipotong segini, ya.
ダン　ディポとン　　スギニ　　ヤ

● キュウリは薄くスライスして。

Ketimunnya diiris tipis-tipis, ya.
クティムゥンニャ　　　ディイリス ティピス ティピス　ヤ

●この魚は塩とお酒を先にふってね。

Ikan ini dikasih garam dan sake dulu.
イカン　イニ　ディカスィ(ヒ) ガラム　　　ダン　サケ　ドゥるゥ

●この肉はこの調味料につけておいてね。

Daging ini direndam dulu dalam
ダギん　　　イニ　ディルンダム　　ドゥるゥ　ダラム

bumbu ini, ya.
ブゥムブゥ　　イニ　ヤ

[4] ゆでる・油で揚げる・煮る

●このジャガイモを柔らかくなるまでゆでてちょうだい。

Kentang ini direbus sampai empuk, ya.
クンたン　　　イニ　ディルブゥス　サムパイ　　ウムプッ(ク) ヤ

●この魚は粉をつけて油で揚げてちょうだい。

Ikan ini dikasih tepung lalu digoreng, ya.
イカン　イニ　ディカスィ(ヒ) トゥプゥん　らるゥ　ディゴれん　　　ヤ

●これは20分ぐらい煮てちょうだい。

Ini digodok kira-kira　20　menit, ya.
イニ　ディゴドッ(ク)　キラ　キラ　ドゥア プゥるゥ(フ) ムニッ(ト) ヤ

●火をもっと小さく（大きく）して。

Kecilkan (besarkan) lagi apinya.
クチるカン　　　　（ブサルカン）　　　らギ　　アピニャ

●もういいわ、火から下ろしてちょうだい。

Sudah, diangkat saja.
スゥダ(ハ)　　　ディアんカッ(ト)　サジャ

お手伝いさんに指示する

[5] 味付け

● 塩（砂糖）を少し入れてね。

Pakai garam (gula) sedikit, ya.
パカイ　ガラム　（グゥら）　スディキッ(ト)　ヤ

● ちょっと味見してみて。味はどう？おいしい？

Coba cicipi dulu. Rasanya bagaimana?
チョバ　チチピ　ドゥるゥ　ラサニャ　バガイマナ

Enak?
エナッ(ク)

● これは塩が足りないわ。

Ini kurang garamnya.
イニ　クゥらン　ガラムニャ

● これは甘すぎる（しょっぱすぎる/辛すぎる）わ。

Ini terlalu manis (asin / pedas).
イニ　トゥルらるゥ　マニス　（アスィン　プダス）

[6] 料理を運ぶ・食器をさげる・皿洗い

● これをテーブルに持っていってちょうだい。

Tolong bawa ini ke meja.
トろン　バワ　イニ　ク　メジャ

● お皿をさげてちょうだい。

Tolong angkat piringnya.
トろン　アンカッ(ト)　ピりンニャ

● テーブルを片づけてちょうだい。

Tolong bersihkan meja.
トろん　　ブルスィ(ヒ)カン　メジャ

● リスはすすいでちょうだい、私が洗うから。

Ris bilas saja, saya yang cuci.
リス　ビらス　サジャ　サヤ　ヤん　チュチ

● これが洗剤（ブラシ / ふきん）よ。

Ini sabun(sikat / kain lap)nya.
イニ　サブゥン　（スィカッ(ト)　カイン　らッ(プ)）ニャ

● 洗剤を使う時は、ちゃんとすすがないとだめよ。

Kalau pakai sabun, harus betul-betul dibilas, ya.
カろウ　パカイ　サブゥン　ハルゥス　ブトゥる　ブトゥる　ディビらス　ヤ

● お皿はここにしまってちょうだいね。

Piringnya disimpan di sini, ya.
ピりんニャ　ディスィムパン　ディ スィニ　ヤ

インドネシアではお祝いの時に必ず食される「ナシクニン」。ナシは米、クニンは黄色のこと

お手伝いさんに指示する

⑥買い物を指示

●いつものところでパンを買ってね。

Tolong beli roti di tempat biasa, ya.
トろん　ブリ　ロティ　ディ　トゥムパッ(ト)　ビアサ　ヤ

●市場（スーパーマーケット）でこれを買ってちょうだいね。

Di pasar (supermarket) beli ini, ya.
ディ　パサル　（スゥプルマルケッ(ト)）　ブリ　イニ　ヤ

●これがお金よ。領収書をもらってね。

Ini uangnya. Minta kuitansinya, ya.
イニ　ウあンニャ　ミンタ　クゥイタンスィニャ　ヤ

●全部買えた？

Dapat semua? (=Bisa beli semua?)
ダパッ(ト)　スムゥア　（ビサ　ブリ　スムゥア）

●これを持っていって同じものをもらってきて。

Coba bawa ini dan minta yang sama.
チョバ　バワ　イニ　ダン　ミンタ　ヤん　サマ

トバ湖のみやげもの店には、伝統工芸品が多数ならんでいる

⑦接客するとき

そのまま使えるインドネシア語会話 生活編

●お客様と私にお茶を入れてちょうだい。

Tolong bikinkan teh
トろん　　　ビキンカン　　テ(ヘ)

untuk tamu dan saya.
ウントゥッ(ク) タムゥ　ダン　サヤ

●お茶はここへ持ってくればいいわ。

Tehnya bawa ke sini saja.
テ(ヘ)ニャ　バワ　　ク　スィニ　サジャ

●リス、こっちへ来て。あなたを紹介したいの。

Ris, ke sini. Saya mau perkenalkan kamu.
リス　ク　スィニ　サヤ　マウ　ブルクナるカン　　　カムゥ

●冷蔵庫からお菓子を取ってきてちょうだい。

Tolong ambilkan kue dari kulkas.
トろん　　アムビるカン　　クゥエ　ダリ　クゥるカス

●リス、お客様がお帰りよ。

Ris, Tamunya mau pulang.
リス　タムゥニャ　　マウ　　プゥらん

●表の門を開けてちょうだい。

Tolong bukakan pintu gerbangnya.
トろん　　ブゥカカン　　ピントゥ　グルバンニャ

⑧電話の取り次ぎ

[1] すぐに出られない場合

イ：奥様、奥様（ご主人）にお電話です。

Ibu, ada telepon untuk Ibu(Bapak).
イブゥ　アダ　テレポン　ウントゥッ(ク) イブゥ(ババッ(ク))

日：そう、誰からの電話？

Ya, telepon dari mana?
ヤー　テレポン　ダリ　マナ

イ：ご主人からです、奥様。

Dari Bapak, Bu.
ダリ　ババッ(ク)　ブゥ

日：そう、また電話するようにいって。私今お風呂（←水浴中）なの。

Ya, suruh telepon lagi. Saya lagi mandi.
ヤー　スゥルゥ(フ) テレポン　らギ　サヤ　らギ　マンディ

・・・・・・・・・・・・・・・・・・・・・・・・・・・・・

●名前と電話番号を尋ねておいてちょうだい。

Tolong tanyakan nama dan nomor
トろん　タニャカン　ナマ　ダン　ノモル

teleponnya.
テレポンニャ

●あとで折り返し電話をするから。

Nanti saya akan telepon kembali.
ナンティ　サヤ　アカン　テレポン　クムバリ

[2] お手伝いさんに夫を呼び出してもらう

日：もしもし、わたし（＝池田夫人）だけど。

Halo, ini Ibu Ikeda.
ハロー　イニ　イブゥ　イケダ

日：夫（主人）を呼んでちょうだい。

Tolong panggilkan Bapak.
トろん　ぱんギるカン　バパッ(ク)

イ：ご主人は外出中です。

Lagi (=sedang) keluar, Bu.
らギ　（スダン）　クるゥアル　ブゥ

日：帰りは何時かしら？

Jam berapa pulangnya?
ジャム　ブらパ　プゥらんニャ

イ：よくわかりません。いつもは夜です。

Kurang tahu, Bu. Biasanya malam.
クゥらん　タウ　ブゥ　ビアサニャ　マらム

日：彼が帰ったら私に早く電話をするようにいってちょうだいね。

Kalau Bapak pulang, suruh cepat-cepat
カろウ　バパッ(ク)　プゥらん　スゥるゥ(フ)　チュパッ(ト)　チュパッ(ト)

telepon pada saya, ya.
テレポン　パダ　サヤ　ヤ

日：大事な用事があるっていって。

Bilang, ada urusan penting.
ビらん　アダ　ウルゥサン　プンティん

⑨許可と禁止

お手伝いさんに指示する

● あなた外出してもいいけど、鍵をかけるのを忘れないでね。

Kamu boleh keluar, tapi jangan lupa
カムゥ　ボれ(へ)　くるゥアル　タピ　ジャ(ン)ガン　るゥパ

mengunci(=kunci) pintu, ya.
ム(ン)グンチ　クゥンチ　ピントゥ　ヤ

● この部屋に許可なしに入らないでね。

Jangan masuk kamar ini tanpa izin, ya.
ジャ(ン)ガン　マスッ(ク)　カマル　イニ　タンパ　イズィン　ヤ

● あなたこの電話を個人的な用事のために使わないでね。

Kamu jangan pakai telepon ini
カムゥ　ジャ(ン)ガン　パカイ　テれポン　イニ

untuk urusan pribadi, ya.
ウントゥッ(ク)　ウルゥサン　プリバディ　ヤ

● でも電話がかかってきたら出なきゃだめよ。

Tapi kalau ada telepon, harus angkat, ya.
タピ　カろウ　アダ　テれポン　ハルゥス　あんカッ(ト)　ヤ

● あなたラジオを聴くのはかまわないけど、あまり大きな音にしないでね。

Kamu boleh dengar radio, tapi jangan
カムゥ　ボれ(へ)　ドゥ(ン)ガル　ラディオ　タピ　ジャ(ン)ガン

keras-keras ya.
クラス　クラス　ヤ

⑩ルバラン(断食明け)の休暇のこと

日：リス、今度のルバラン、あなた田舎に帰りたいんでしょ？

Ris, untuk Lebaran nanti kamu mau
リス　ウントゥッ(ク)　るバラン　　ナンティ　カムゥ　マウ

pulang kampung, bukan(=kan)?
プゥらん　カムプゥん　　ブカン　(カン)

イ：はい、帰りたいです。

Ya, saya mau pulang, Bu.
ヤー　サヤ　マウ　プゥらん　ブゥ

日：でも帰るのはトゥティと交代にしてね。

Tapi pulangnya gantian dengan Tuti, ya.
タピ　プゥらんニャ　ガンティアン　ドゥ(ン)ガン　トゥティ　ヤ

日：一緒に帰らないで。

Pulangnya jangan bersamaan.
プゥらんニャ　ジャ(ン)ガン　ブルサマアン

日：どっちが先に帰るかふたりで相談してみて。

Coba bicarakan berdua mana akan
チョバ　ビチャラカン　ブルドゥア　マナ　アカン

pulang duluan.
プゥらん　ドゥるゥアン

そのまま使えるインドネシア語会話 生活編

⑪子守を依頼する場合

お手伝いさんに指示する

● 夕方まで子守をお願いね。

Tolong jaga anak sampai sore, ya.
トろん　　ジャガ　アナッ(ク) サムパイ　　ソレ　　ヤ

● 今日のお昼にはこれを食べさせて、そのあとミルクをあげてね。

Nanti siang kasih makan ini,
ナンティ　スィアん　カスィ(ヒ) マカン　　イニ

sesudah itu kasih susu botol, ya.
ススゥダ(ハ)　イトゥ カスィ(ヒ) スゥスゥ ボトる　　ヤ

● 食べたらいつも昼寝をするわ。

Sehabis makan dia biasanya tidur siang.
スハビス　　マカン　　ディア ビアサニャ　　ティドゥル スィアん

● 泣いてもお菓子ばかりあげないでね。

Walaupun dia nangis,
ワろウプゥン　ディア ナ(ン)ギス

jangan kasih kue terus, ya.
ジャ(ン)ガン カスィ(ヒ) クエ　トゥルゥス　ヤ

● おむつ（紙おむつ）はここにあるわ。

Popok(pampers)nya ada di sini.
ポポッ(ク) (パンプルス) ニャ　　アダ　ディ スィニ

● もし機嫌が悪かったら、このビデオを見せてもいいわ。

Kalau dia rewel, bisa juga lihatkan
カろウ　　ディア レウェる　　ビサ　　ジュガ　りハッ(ト)カン

video ini.
フィデオ　イニ

●抱っこばかりしないでね。癖になっちゃうから。

Jangan gendong terus, ya.
ジャ(ン)ガン　ゲンドん　　　トゥルゥス　ヤ

Nanti jadi kebiasaan.
ナンティ　ジャディ　クビアサアン

●何かあったら私に電話をしてね。

Kalau ada apa-apa, telepon pada saya, ya.
カロウ　　アダ　アパ　アパ　　テレポン　　　パダ　　サヤ　　ヤ

●これが私の携帯電話の番号よ。

Ini nomor HP (=handphone) saya.
イニ　ノモル　　ハーペー(ヘン(ド)ホン)　　　サヤ

[KEY WORDS]

子守編

「何があったの？」
　Ada apa?　アダ アパ
「もう昼御飯は食べさせた？」
　Sudah kasih makan siang?　スゥダ(ハ) カスィ(ヒ) マカン スィあン
「大きな声で話さないでね。寝たばかりだから」
　Jangan suaranya keras-keras, ya. Dia baru tidur.
　ジャ(ン)ガン スゥアラニャ クラス クラス ヤ ディア バルゥ ティドゥル

インドネシア語の幼児言葉
寝る bobok ボボッ(ク)／飲む mimik ミミッ(ク)／
食べる maem マウム／おしっこ pipis ピピス／ウンチ e-e エエ

そのまま使えるインドネシア語会話　生活編

お手伝いさんに指示する

⑫病気の時

日：あなた病気なの？

Kamu sakit, ya?
カムゥ　サキッ(ト)　ヤ

イ：ええ、多分インフルエンザにかかったんだと思います。

Ya, mungkin kena flu, Bu.
ヤー　ムゥんキン　クナ　フるゥ　ブゥ

日：これから病院に連れていってあげるわ。

Sekarang saya antarkan ke rumah sakit.
スカらん　サヤ　アンタルカン　ク　ルゥマ(ハ)　サキッ(ト)

日：さあ用意して。

Ayo, siap-siap dulu.
アヨ　スィアッ(プ) スィアッ(プ)　ドゥるゥ

・・・・・・・・・・・・・・・・・・・・・・・・・・

イ：いいえ、奥様。ちょっと寝不足なだけです。

Tidak, Bu. Hanya kurang tidur saja.
ティダッ(ク) ブゥ　ハニャ　クゥらん　ティドゥル サジャ

日：病気の時には私に言うのよ。

Kalau sakit bilang pada saya, ya.
カろウ　サキッ(ト) ビらん　パダ　サヤ　ヤ

【得々情報】
インドネシアの習慣とマナー

　イスラーム教徒が人口の約9割を占めるインドネシアでは、宗教に基づいたいくつかの習慣があります。
　例えば、左手は不浄の手と見なされています。食事の時はもちろん、人にものを手渡す時や触れる時は絶対に、左手を使ってはいけません。また、「喜捨」は宗教的な義務とされ、この世の全ての財産は本来神のものであるという考え方を基礎に、お金持ちは貧しい人たちに施しをすることが期待されます。食事をした際にも割り勘は一般的ではなく、お金持ちが支払います。
　怒ることやプライドを傷つけることもタブーとされています。たとえ相手に非があったと思われる場合でも、穏やかに説得して話を進めるのが普通です。
　暑い国なので、服装がどうしてもラフになりがちですが、あまり肌を露出させることは恥ずかしいこととされ、相手に対して失礼にあたります。寺院や宗教行事を見る時や空港や官公庁関係の建物に入る時などはショートパンツやミニスカートは避け、ソデやエリのついたシャツを着た方がよいでしょう。服装によっては、参拝や入場を拒否されることもあります。
　インドネシアの人々は、いまでは経済的に先進国である日本人の訪問を快く迎えてくれています。しかし、戦争中に侵略されたというまぎれもない事実があり、それはインドネシアの人々の心の傷として残っています。
　世代が代わっても学校の教科書にしっかりと記述され、また家族、親族、民族の体験として語りつがれているということを私たちは忘れてはならないでしょう。

4 ドライバーへの指示

①行き先を指示

●後で郵便局へ行ってくれ。

Nanti ke kantor pos, ya.
ナンティ ク カントル ポス ヤ

●薬局に少しの間寄れるかい？

Bisa mampir di apotik sebentar?
ビサ マムピル ディ アポティッ(ク) スブンタル

●いつもの所へ行ってくれ。

Ke tempat yang biasa.
ク トゥムパッ(ト) ヤん ビアサ

●この住所へ行ってくれ。

Ke alamat ini, ya.
ク アらマッ(ト) イニ ヤ

●ここで道を聞いてみなさい。

Coba tanya jalan di sini.
チョバ タニャ ジャらン ディ スィニ

●近くになれば私がもう知っている。

Kalau sudah dekat-dekat saya sudah tahu.
カろウ スゥダ(ハ) ドゥカッ(ト) ドゥカッ(ト) サヤ スゥダ(ハ) タウ

- もうすぐ四つ角があるから、そこを左（右）へ曲がってくれ。

    Nanti ada perempatan,
    ナンティ　アダ　ブルムパタン

    di situ belok ke kiri (kanan), ya.
    ディ スィトゥ ベロッ(ク) ク キリ （カナン）　ヤ

- もうすぐ信号があるが、まだまっすぐ行ってくれ。

    Nanti ada lampu merah(=setopan),
    ナンティ　アダ　らムプゥ　メラ(ハ)　ストパン

    tapi masih terus saja.
    タピ　マスィ(ヒ)　トゥルウス　サジャ

- ここで止まってくれ。

    Stop (=berhenti) di sini saja.
    ストッ(プ) (ブルフンティ)　ディ スィニ　サジャ

- あそこに駐車できるかい？

    Bisa parkir di sana?
    ビサ　パルキル　ディ サナ

- ここで待っていてくれ。

    Tunggu di sini, ya.
    トゥングゥ　ディ スィニ　ヤ

- 2時までには戻ってくる。

    Saya akan kembali sebelum jam dua.
    サヤ　アカン　クムバリ　スブるウム　ジャム　ドゥア

②送りを頼む

ドライバーへの指示

● 明日の朝私を空港へ送ってくれ。

Tolong antarkan saya ke bandara
トろん　アンタルカン　サヤ　ク　バンダラ

besok pagi.
ベソッ(ク)　バギ

● この男性を家まで送っていってくれ。

Tolong antarkan Bapak ini ke rumahnya.
トろん　アンタルカン　ババッ(ク)　イニ　ク　ルゥマ(ハ)ニャ

● 明日の夕方お客様を空港へ送ってくれ。

Besok sore tolong antarkan tamunya
ベソッ(ク)　ソレ　トろん　アンタルカン　タムゥニャ

ke bandara.
ク　バンダラ

スラウェシ島はココナッツの産地でもある。プランテーション・スタイルの農園で作られている

③迎えを頼む

●今日の午後1時に私を空港で迎えてくれ。

Nanti jam satu jemput saya
ナンティ　ジャム　サトゥ　ジュムプッ(ト)　サヤ

di bandara, ya.
ディ　バンダラ　　　ヤ

●出口で待ってる。

Saya tunggu di pintu keluar.
サヤ　　トゥングゥ　ディ　ピントゥ　クるゥアル

●明日の夜、妻を空港で迎えてくれ。

Tolong jemput Ibu di bandara
トろン　　　ジュムプッ(ト)　イブゥ　ディ　バンダラ

besok malam.
ベソッ(ク)　マらム

●フライトナンバーは873だ。

Nomor penerbangannya 873.
ノモル　　　プヌルバ(ン)ガンニャ　　ドゥらパン トゥジュ(フ) ティガ

●これが妻の写真だ。

Ini foto isteri saya.
イニ　フォト　イストゥリ　サヤ

●このプラカードを持って立っててくれ。

Tolong berdiri sambil pegang plakat ini.
トろン　　　ブルディリ　　サムビる　　プガン　　　プらカッ(ト)　イニ

201

④残業を頼む

日：こちらの女性を家まで送ってもらえる？

Bisa antarkan Ibu ini ke rumah?
ビサ　アンタルカン　イブゥ イニ ク　ルゥマ(ハ)

イ：いやあ、もう7時ですよ。

Wah, sudah jam 7, Bu.
ワー(ハ)　スゥダ(ハ)　ジャム トゥジュ(フ)　ブゥ

日：大丈夫でしょ？1時間くらいの残業は。

Tidak apa-apa, kan? Lember satu jam.
ティダッ(ク) アパ　アパ　　カン　　るムブル　　サトゥ　ジャム

日：これは夕食代よ。

Ini untuk makan malamnya.
イニ　ウントゥッ(ク) マカン　　マらムニャ

●明日の夜は午後9時までだからね。

Besok malam sampai jam 9, ya.
ベソッ(ク)　マらム　　サムパイ　　ジャム スムビらン ヤ

●今夜は帰りが夜遅くなる。

Nanti malam pulangnya larut malam.
ナンティ　マらム　　プゥらんニャ　　らルゥッ(ト) マらム

●でもおまえは先に帰ってくれ。私はタクシーに乗るから。

Tapi kamu pulang dulu.
タピ　　カムゥ　　プゥらン　ドゥるゥ

Saya akan naik taksi nanti.
サヤ　　アカン　　ナイッ(ク) タクスィ　ナンティ

⑤お使いを頼む

●この葉書を投函してくれ。

Tolong poskan kartu pos ini.
トろン　　ポスカン　　カルトゥ　ポス　イニ

●この小包みを航空便で出してきてくれ。

Tolong kirimkan paket ini
トろン　　キリムカン　　パケッ(ト)　イニ

dengan pos udara.
ドゥ(ン)ガン　ポス　ウダラ

●このフィルムを同時プリント（現像とプリント）に出してくれ。

Tolong bawa film ini untuk cuci cetak.
トろン　　バワ　　フィるム　イニ　ウントゥッ(ク) チュチ　チェタッ(ク)

●このネガを焼き増しに出してくれ。

Tolong bawa negatif ini untuk diafdruk.
トろン　　バワ　　ネガティフ　　イニ　ウントゥッ(ク) ディアフドルッ(ク)

●これと同じタバコを買ってきてくれ。

Tolong belikan rokok yang
トろン　　ブリカン　　ロコッ(ク)　ヤん

sama dengan ini.
サマ　ドゥ(ン)ガン　イニ

●この本を探してきてくれ。

Tolong carikan buku ini.
トろン　　チャリカン　　ブクゥ　イニ

そのまま使えるインドネシア語会話 生活編

⑥給油・修理・前借り

ドライバーへの指示

●満タンにしてくれ。

Isi sampai penuh.
イスィ サムパイ プヌゥ(フ)

●半分だけでいい。

Isi separuh saja.
イスィ スパルゥ(フ) サジャ

●明日修理屋へ持っていってくれ。

Besok bawa ke bengkel, ya.
ベソッ(ク) バワ ク べんケる ヤ

●来月分の給料を前借りしたいんですが。

Saya mau pinjam dulu gaji saya
サヤ マウ ピンジャム ドゥるゥ ガジ サヤ

untuk bulan depan, Tuan.
ウントゥッ(ク) ブゥらン ドゥパン トゥアン

●今回だけだぞ。

Untuk kali ini saja, ya.
ウントゥッ(ク) かり イニ サジャ ヤ

【得々情報】
インドネシアのドライバー事情

　ドライバーの仕事は、基本的に土・日を除く、平日午前8時から午後5時までが勤務時間となります。自宅から通う人が多く、月給はお手伝いさんの額の何倍にもなり、残業手当も必要です。お手伝いさん同様、英語はほとんど話せません。

　ドライバーは、口コミか、派遣会社を通じて探します。ジャカルタで探す場合、大手のタクシー会社やジャカルタ・ドライバーズ・クラブなどで探す人が多いようです。

　口コミで帰国する人の雇っていたドライバーをそのまま紹介してもらうと、前の雇い主の待遇と比較されてしまうので、その辺も考慮して待遇を決めます。

　探す時に重要なことは、採用条件をはっきりさせておくことです。残業がどれくらい可能か、土曜日の勤務を収入が増えると喜ぶ人か、休日がなくなると嫌がる人かなどをよく検討して、条件に合う人を選びましょう。

　お手伝いさん同様、ムスリムであれば、ルバラン（断食明け）休暇、クリスチャンであればクリスマス休暇をとることも考慮に入れる必要があります。

　残業を頼む場合は、先に残業手当を渡します。金額は、最初2時間分の残業手当と「食事代 (untuk makan malam ウントゥッ（ク）マカン マラム）」を含めた一定額です。それ以上遅くなったら、追加で渡します。遅くなる場合は、ドライバーを先に帰らせ、タクシーで帰るという人もいます。残業の多かった月には、給料に少し上乗せして渡したりもします。給与はこのように直接ドライバーに支払うケースの他、タクシー会社に支払うケースもあるようです。

　また基本的なことですが食事の時間も、ずっと待機させたために食事抜きになることがないよう、待たせる時にはおよその所要時間を告げたり、食事を済ませておくように告げておきたいものです。

　またドライバーから、給料の前借りを頼まれることも度々あるようです。子供の教育費、親戚の医療費など苦しい経済事情を切に訴えられ、情にほだされ前借りをさせた途端にドロンということもなきにしもあらず……。

　そうかといって前借りは一切だめ、粗相をしたらすぐ解雇という厳しい対応は非情に映るでしょう。その辺りは難しいところで、対応の仕方は、ケース・バイ・ケースのようです。

5 郵便・電話・銀行の利用

①郵便局で

[1] 小包みを送る

日：日本へこの小包を送りたいのですが。

Mau kirim paket ini ke Jepang, Pak.
マウ　　キリム　　パケッ(ト) イニ　ク　ジュパン　　　パッ(ク)

イ：まず重さを計りましょう。航空便ですか、それとも船便ですか？

Ditimbang dulu, ya. Pos udara atau pos laut?
ディティムばン　　ドゥるゥ　ヤ　ポス　ウダラ　アトウ　ポス　らウッ(ト)

日：それぞれの料金はいくらですか？

Berapa ongkos masing-masing?
ブラパ　　　　オンコス　　マスィん　　　マスィん

イ：航空便だと30万で、船便だと8万です。

Kalau pos udara 300 ribu. Kalau pos laut,
カろウ　　ポス　ウダラ　ティガ ラトゥス リブゥ　カろウ　　ポス　らウッ(ト)

80 ribu.
ドゥらパン プゥるゥ(フ) リブゥ

日：では船便にして下さい。

Kalau begitu, minta pos laut saja.
カろウ　　ブギトゥ　　　ミンタ　ポス　　らウッ(ト) サジャ

イ：この用紙に記入して、包んでくださいね。

Isi formulir ini dan dibungkus dulu, ya.
イスィ フォルムゥりル　イニ　ダン　ディブんクゥス　　ドゥるゥ　ヤ

(※小包みは破損を防ぐため箱の上からビニール製の布で包み、縫ってもらうことになっています。)

日：いつ頃あちらに着きますか？

Kira-kira kapan sampai di sana?
キラ　キラ　カパン　サムパイ　ディ　サナ

イ：普通は一ヶ月くらいです。

Biasanya kira-kira satu bulan.
ビアサニャ　キラ　キラ　サトゥ　ブゥラン

[2] 切手を買う

日：日本へ葉書（手紙）を送るのに切手はいくらですか？

Berapa perangko untuk kirim kartu
ブラパ　ブランコ　ウントゥッ(ク)　キリム　カルトゥ

pos(surat) ke Jepang?
ポス　スゥラッ(ト)　ク　ジュパん

イ：千ルピアです。

Seribu rupiah.
スリブゥ　ルゥピア(ハ)

日：千ルピアの切手を4枚ください。

Minta perangko yang seribu empat.
ミンタ　ブランコ　ヤん　スリブゥ　ウムパッ(ト)

日：いい絵柄の切手をお願いします。

Minta yang bagus gambarnya, Pak.
ミンタ　ヤん　バグゥス　ガムバルニャ　パッ(ク)

[3] 小包みを受け取る

日：小包の受け取り窓口はどこですか？

Di mana loket untuk ambil paket?
ディ マナ ロケッ(ト) ウントゥッ(ク) アムビる バケッ(ト)

日：これが呼び出し状です。

Ini surat panggilannya.
イニ スゥラッ(ト) パンギランニャ

イ：外国人滞在許可証をお持ちですか？

Bawa KITASnya?
バワ キタスニャ

[KEY WORDS]
郵便

surat	スゥラッ(ト)	手紙
paket	パケッ(ト)	小包
perangko	プランコ	切手
kartu pos	カルトゥ ポス	はがき
kartu pos bergambar		絵はがき
カルトゥ ポス ブルガムバル		
amplop	アムプロッ(プ)	封筒
alamat	アらマッ(ト)	住所
kode pos	コーデ ポス	郵便番号
tanda tangan	タンダ タ(ン)ガン	署名
pos udara	ポス ウダラ	航空便
pos laut	ポス らウッ(ト)	船便
pos kilat	ポス キらッ(ト)	速達便
pos biasa	ポス ビアサ	普通便
pos tercatat	ポス トゥルチャタッ(ト)	書留便
kardus	カルドゥス	段ボール
isi	イスィ	中身
berat	ブラッ(ト)	重さ
ongkos kirim	オンコス キリム	送料
bungkus	ブンクゥス	包む
jahit	ジャヒッ(ト)	縫う

②電話する

[1] 友人に電話をかける

日：デニさんとお話ししたいのですが？

Halo, boleh bicara dengan Ibu Deni?
ハロー　ボれ(ヘ)　ビチャラ　ドゥ(ン)ガン　イブゥ　デニ

イ：どちら様ですか？

Ini dari mana, Bu?
イニ　ダリ　マナ　ブゥ

日：私は池田（女性）です。

Saya Ibu Ikeda.
サヤ　イブゥ　イケダ

イ：はい、少々お待ちください。

Ya, tunggu sebentar, ya.
ヤー　トゥんグゥ　スブンタル　ヤ

・・・・・・・・・・・・・・・・・・・・・・・・

イ：デニーは外出中です。

Ibu Deni sedang keluar.
イブゥ　デニ　スダん　クるゥアル

日：お帰りは何時ですか？

Pulangnya jam berapa, ya?
プゥらんニャ　ジャム　ブラパ　ヤ

イ：午後4時にはもうお帰りになっていると思います。

Jam empat mungkin(=barangkali) sudah pulang.
ジャム　ウムパッ(ト)　ムゥんキン　バランカリ　スゥダ(ハ)　プゥらん

そのまま使えるインドネシア語会話 生活編

日：ああ、そうですか。それではまたお電話いたします。

Oh, ya. Saya akan telepon lagi,
オー ヤー サヤ アカン テレポン らギ

kalau begitu.
カろウ ブギトゥ

・・・・・・・・・・・・・・・・・・・・

●折り返しお電話いただくことはできますか？

Boleh saya minta supaya ditelepon
ボれ(ヘ) サヤ ミンタ スゥパヤ ディテれポン

kembali?
クムバリ

●伝言をお願いできますか？

Bisa saya tinggalkan pesan?
ビサ サヤ ティンガるカン プサン

[2] 自宅にファックスを送りたいとき
●もしもし、ファックスを送りたいんだけど、受信用のボタンを押してちょうだい。

Halo, saya mau kirim faksimili,
ハろー サヤ マウ キリム ファクスィミリ

tolong tekankan tombol untuk menerimanya.
トろん トゥカンカン トムボる ウントゥッ(ク) ムヌゥリマニャ

● もしもし、ファックスを送るわ。一回切ってもう一度やってみるわ。

Halo, saya mau kirim faksimili.
ハロー　サヤ　マウ　キリム　ファクスィミリ

Saya putus dulu, dan mau coba lagi sekarang.
サヤ　プトゥス　ドゥるゥ　ダン　マウ　チョバ　らギ　スカらん

● （受話器を）とらないでね。

Jangan ambil, ya.
ジャ(ン)ガン　アムビる　ヤ

[3] 間違い電話の場合

日：ヘティさんはいますか？

Halo, ada Ibu Hety?
ハロー　アダ　イブゥ　ヘティ

イ：ここにはヘティというものはおりませんが。

Di sini tidak ada yang namanya Ibu Hety.
ディ スィニ ティダッ(ク) アダ ヤん　ナマニャ　イブゥ ヘティ

日：あー、そうですか。ごめんなさい、間違えました。

Oh, ya. Maaf, saya keliru(=salah), Bu.
オー　ヤー　マアフ　サヤ　クリルゥ　さら(ハ)　ブゥ

③銀行で

[1] 銀行口座を開いて預金する

●口座を開きたいのですが。

Saya mau buka rekening, Bu.
サヤ　マウ　ブカ　レクニん　ブウ

●日本円を持ってきていて、ドル建てで預金したいのですが。

Saya bawa yen dan mau deposito
サヤ　バワ　イェン　ダン　マウ　デポスィト

dengan dolar, Bu.
ドゥ(ン)ガン　ドラル　ブウ

●この口座に今日パニンバンクよりお金を送金します。

Hari ini saya akan kirim uang ke rekening
ハリ　イニ　サヤ　アカン　キリム　ウアん　ク　レクニん

ini dari Bank Paning.
イニ　ダリ　バンク　パニん

●そのお金を預金にしたいと思います。

Uang itu mau saya masukkan dalam
ウアん　イトゥ　マウ　サヤ　マスッカン　ダラム

deposito.
デポスィト

●普通預金にされますか、それとも定期預金にされますか？

Mau deposito biasa atau deposito
マウ　デポスィト　ビアサ　アトウ　デポスィト

berjangka?
ブルジャンカ

● 一番利率の高い定期預金にしてください。

Tolong dimasukkan dalam deposito yang paling tinggi bunganya.
トろん　ディマスッカン　ダらム　デポスィト　ヤん　パりん　ティんギ　ブゥ(ン)ガニャ

● 6ヶ月定期の金利はいくらですか？

Berapa bunga deposito untuk 6 bulan?
ブラパ　ブゥ(ン)ガ　デポスィト　ウントゥッ(ク)ウナム　ブゥらン

● 今6％です。

Sekarang 6 persen.
スカらん　ウナム プルセン

● 今ATMカードを作っていただけますか？

Bisa dibuatkan kartu ATM sekarang?
ビサ　ディブゥアッ(ト)カン　カルトゥ　アーテーエム　スカらん

● 一週間くらいしてカードができあがりましたら、お知らせいたします。

Nanti kira-kira seminggu kalau kartunya sudah jadi, saya akan beritahukan.
ナンティ　キラ　キラ　スミんグゥ　カろウ　カルトゥニャ　スゥダ(ハ)　ジャディ　サヤ　アカン　ブリタウカン

● こちらが暗証番号になります。

Ini PINnya.
イニ　ピンニャ

郵便・電話・銀行の利用

[2] 引き出し

日：お金を引き出したいのですが。

Saya mau ambil (=tarik) uang.
サヤ　マウ　アムビる　（タリッ（ク））ウアん

日：さっきも、このATMカードでやってみたんですが、うまくいきませんでした。

Tadi sudah saya coba dengan kartu
タディ　スウダ（ハ）　サヤ　チョバ　ドゥ（ン）ガン　カルトゥ

ATM ini, tapi tidak berhasil.
アーテーエム イニ　タピ　ティダッ（ク）ブルハスィる

イ：申し訳ありません。おそらく機械が故障していると思われます。

Maaf sekali, mungkin mesinnya
マアフ　スカり　ムゥンキン　ムスィンニャ

sedang rusak.
スダん　ルゥサッ（ク）

イ：引き出しは窓口でお願いします。

Ambil uangnya di loket saja.
アムビる　ウアンニャ　ディ ろケッ（ト）サジャ

[3] 送金・振り込み

●この口座に送金したいのですが。

Saya mau kirim uang ke rekening ini.
サヤ　マウ　キリム　ウアん　ク　レクにん　イニ

●この口座に振り込みたいのですが。

Saya mau menyetor ke rekening ini.
サヤ　マウ　ムニュトル　ク　レクにん　イニ

[4] トラブル

●私の預金通帳（カード）がなくなりました。

Buku tabungan (kartu ATM) saya hilang.
ブクウ　タブゥ(ン)ガン　(カルトゥ アーテーエム) サヤ　ヒらん

●今日は少し問題があってこちらへ来ました。

Hari ini saya datang ke sini karena ada sedikit masalah.
ハリ　イニ　サヤ　ダタん　ク　スィニ　カルナ　アダ
スディキッ(ト) マサら(ハ)

●一回も出金したことがないのに、私の口座からこんなにお金が引き落とされています。

Uang sebanyak ini ditarik dari rekning saya, padahal saya belum pernah ambil uang.
ウアん　スバニャッ(ク)　イニ　ディタリッ(ク)　ダリ　レクニん
サヤ　パダハる　サヤ　ブるゥム　プルナ(ハ)
アムビる　ウアん

●きっと間違いだと思います。

Saya yakin ini pasti salah.
サヤ　ヤキン　イニ　パスティ　サら(ハ)

●調べて返金をお願いいたします。

Tolong dicek dan kembalikan uangnya.
トろん　ディチェッ(ク)　ダン　クムバリカン　ウアんニャ

6 家族／知人の紹介
①続柄・関係を説明

●紹介します、こちらが私の妻の昌子です。

Kenalkan, ini isteri saya, Syoko.
クナるカン　イニ　イストゥリ　サヤ　ショーコ

●そしてこちらが私の一番上の子ミカです。今小学校3年です。

Dan ini anak nomor satu, Mika.
ダン　イニ　アナッ(ク)　ノモル　サトゥ　ミカ

Sekarang SD kelas 3.
スカラん　エスデー　クらス　ティガ

●あれは誰ですか？

Siapa itu?
スィアパ　イトゥ

●あちらはデスィさんのお母さん（お父さん／兄弟）です。

Itu ibu(ayah / saudara)nya Ibu Desi.
イトゥ　イブゥ　アヤ(ハ)　ソダラ　ニャ　イブゥ　デスィ

●こちらは私の高校（大学）時代のクラスメートです。

Ini teman sekelas waktu SMU(=SMA)
イニ　トゥマン　スクらス　ワクトゥ　エスエムウー(エスエムアー)

(universitas=kuliah).
ウニフェルスィタス　クゥリア(ハ)

②兄弟について尋ねる

● 池田さんはご兄弟は何人ですか？

　Pak Ikeda saudaranya berapa (orang)?
　バッ(ク) イケダ　ソダラニャ　　ブラパ　(オラん)

● 私は3人の兄弟がいます。

　Saya bersaudara tiga. (=Saya punya 3 saudara.)
　サヤ　ブルソダラ　　ティガ　サヤ　プニャ ティガ ソダラ

● 池田さんは何番め（の子供）ですか？

　Pak Ikeda (anak) nomor berapa?
　バッ(ク) イケダ　(アナック)　ノモル　ブラパ

● 私は2番めです。

　Saya nomor dua.
　サヤ　ノモル　ドゥア

● 年上のご兄弟（年下のご兄弟）がいらっしゃいますか？

　Punya kakak(adik)?
　プニャ　カカッ(ク)(アディッ(ク))

● ええ、上が1人と下が1人います。

　Ya, Saya ada kakak satu dan adik satu.
　ヤー　サヤ　アダ　カカッ(ク)　サトゥ　ダン　アディッ(ク) サトゥ

● 女ですか、それとも男ですか？

　Perempuan atau laki-laki?
　プルムプアン　　アトウ　らキ　らキ

● 私の兄弟はみんな男です。

　Saudara saya laki-laki semua.
　ソダラ　　サヤ　らキ　らキ　スムゥア

そのまま使えるインドネシア語会話 生活編

③独身か既婚か尋ねる

●あなた[男性の場合](女性の場合)はもうご家族がおありですか?

Bapak (Ibu) sudah berkeluarga?

バパッ(ク) (イブゥ) スゥダ(ハ) ブルクるゥアルガ

●はい、もうおります。

Ya, sudah.

ヤー スゥダ(ハ)

●いいえ、私はまだ独身です。

Belum, saya masih sendiri.

ブルゥム サヤ マスィ(ヒ) スンディリ

●もう恋人はいますか、まだですか?

Sudah punya pacar, belum?

スゥダ(ハ) プゥニャ パチャル ブるゥム

●もう決まった人がいますか?

Sudah ada yang punya?

スゥダ(ハ) アダ ヤん プゥニャ

④家族について質問されたら

●ご家族は何人ですか？

Keluarganya berapa orang?
クるゥアルガニャ　　　　ブラパ　　　オらン

●私の家族は４人です。

Keluarga saya empat orang.
クるゥアルガ　　サヤ　　ウムパッ(ト)　オらン

●両親と、妹（弟）と私です。

Orang tua, adik, dan saya.（＊adik=年下の兄弟）
オらン　　トゥア　アディッ(ク)　ダン　サヤ

●まだ結婚したばかりで子供はまだいません。

Kami baru nikah (=kawin), dan belum
カミ　　バルゥ　ニカ(ハ)　（カウィン）　ダン　　ブるム

punya anak.
プニャ　　アナッ(ク)

●子供は一人いますが、生まれたばかりなのでまだ連れてこられません。

Ya, sudah punya satu. Tapi tidak bisa
ヤー　スゥダ(ハ)　プニャ　　サトゥ　タピ　ティダッ(ク)　ビサ

bawa ke sini karena baru lahir.
バワ　　ク　スィニ　カルナ　　バルゥ　らヒル

●子供はもう働いています。

Anak saya sudah bekerja.
アナッ(ク)　サヤ　　スゥダ(ハ)　ブクルジャ

そのまま使えるインドネシア語会話 生活編

インドネシアの文化

　「言葉は文化の窓」とよくいわれます。250を超える地方語が存在するインドネシアでは、伝統衣装、家屋の作り、食習慣、慣習、礼儀作法など、それらの地方語を使って生活をする人々の生活や文化は、互いに大きく異なっています。

　しかし地域・種族を超えて、宗教による共通項も見いだすことができます。特に全人口の８８パーセントを占めるイスラームの影響は大きく、イスラームの伝統と地方の特色とが縦糸と横糸のように織り合わさっています。

　もっともインドネシアは、歴史的にはインド文化の影響を深く受けているため、中部ジャワには世界的に有名なボロブドゥールの仏教遺跡が残っているほか、ヒンドゥー教徒が逃げのびたとされるバリ島以外にも、ヒンドゥー的な要素は多分に見られます。

　インドネシアのイスラームは、実は表面的なもので、その下層にはヒンドゥー的な要素、仏教的な要素、それ以前のアニミズム的な要素が重層的に重なっていると見る見方もあります。

　実際インドの叙事詩である「ラーマーヤナ」と「マハーバーラタ」をベースにした影絵芝居は、現在でもよく上演されています。しかしイスラーム教では、偶像崇拝が厳しく禁じられているために、ジャワの影絵芝居では、人形が人間的な形からより抽象的な形へとわざとデフォルメされています。バリ島の影絵芝居の人形とはかなり異なっていて、ストーリーの細部もイスラーム布教のために変えられているところがあります。

　近年ヴェールを着用するムスリムの女性が増えたり、大学のモスクを中心に、イスラーム復興の動きがさかんになっています。こうした状況の変化の背景には、1945年のインドネシア独立以後、宗教教育が義務教育になった影響が大きいといえるでしょう。

インドネシアの行事

　インドネシアには、5つの公認宗教（イスラーム教、キリスト教カトリック、キリスト教プロテスタント、仏教、ヒンドゥー教）があります。休日は、新年と独立記念日、それぞれの宗教に関わる重要な日となっています。

　宗教に関する祝日はそれぞれの暦に従うため、毎年少しずつずれていきます。ちなみにイスラーム教にかかわる祝日は、一年に約9日ずつ早まります。

[インドネシアの祝日2000年]

1月1日	新年　Tahun Baru　タフン バルゥ
1月8日	イドゥル・フィトリ（イスラーム暦1420年） 'Idul Fitri　イドゥる フィトゥリ
3月16日	イドゥル・アドハ（犠牲祭）'Idul Adha　イドゥる アドゥハ
4月4日	ニュピ（サカ暦1922年新年）　Nyepi　ニュピ
4月6日	イスラム暦新年（1421年）　Tahun Baru Hijriah／Muharram　タフン バルゥ ヒジュリア（ハ）／ムハラム
4月21日	キリスト受難日　Wafatnya Isa Almasih ワファッ（ト）ニャ イサ アるマスィ（ヒ）
5月18日	ワイサック（仏教）　Waisak　ワイサッ（ク）
6月1日	キリスト昇天祭　Kenaikan Isa Almasih クナイカン イサ アるマスィ（ヒ）
6月15日	ムハンマド生誕祭　Maulid Nabi　マウリッ（ド）ナビ
8月17日	インドネシア共和国独立宣言記念日 Hari Proklamasi Kemerdekaan RI ハリ プロクらマスィ クムルデカアン エルイー （＊RI=Republic Indonesia）
10月25日	ムハンマド昇天祭　Isra' Mi'raj　イスラ ミラッジュ
12月25日	クリスマス第一日　Hari Natal　ハリ ナタる
12月27／28日	イドゥル・フィトゥリ（イスラーム暦1421年） Idul Fitri.　イドゥる フィトゥリ

インドネシアの料理

　インドネシアの料理は、材料名の後ろに調理方法を合わせた名前が多く、わかりやすいでしょう。代表的なものを紹介します。

[ご飯／麺]

　ご飯を使う料理は、nasi で始まります。白いご飯は「nasi putih (ナシ・プティ)」で、nasi の後ろに goreng (油で揚げる) がついて「nasi goreng(ナシ・ゴレん)」とあればチャーハンです。麺は mie で、「mie goreng(ミー・ゴレん)」とあれば焼きそばです。

[肉／魚]

　肉は「daging(ダギん)」ですが、鶏肉なら ayam、牛肉なら sapi、山羊の肉なら kambing、豚肉なら babi だけで通じます。「ayam goreng(アヤム・ゴレん)」はフライドチキンのことです。「サテ」は、小さく切った肉を串に刺して、甘辛いピーナッツソースで食べる料理です。「サテ・アヤム」のほかに、「サテ・サピ」や「サテ・カムビン」などがあります。サテにはご飯の代わりに「lontong(ロントん)」と呼ばれる棒状に固めたご飯を、一口大に切り添えて食べる習慣もあります。魚は「ikan(イカン)」です。焼き魚は ikan bakar、魚の素揚げは ikan goreng になります。

[野菜／サラダ]

　「gado-gado(ガド・ガド)」は、いろいろな野菜を甘辛いピーナッツソースで和えて食べるサラダです。辛い料理を避けたい場合は中華風野菜炒め「cap-cay(チャッ〔プ〕・チャイ)」もあります。

[スープ]

　「sup(スッ〔プ〕)」あるいは「sop(ソッ〔プ〕)」はスープです。「soto(ソト)」もスープで、種類が豊富です。

[カレー／その他]

　「kari(カリ)」で始まる料理はカレー料理です。

　「gulai(グレ)」で始まる料理は、様々な調味料とココナッツミルクを使っていて味が濃厚なのが特徴です。

◉ 著者プロフィール

大形里美 （おおがた さとみ）

岡山県生まれ。
1987年から89年までインドネシアに留学。
東京外国語大学外国語研究科修士課程修了。
現在九州国際大学講師。

そのまま使えるインドネシア語会話 改訂新版

2001年 6月27日　1刷
2007年 7月 9日　2刷

著　者 ——— 大形里美
　　　　　　© Satomi Oogata
発行者 ——— 南雲一範
発行所 ——— 株式会社 南雲堂
　　　　　〒162-0801　東京都新宿区山吹町361
　　　　　電　話　（03）3268-2384（営業部）
　　　　　　　　　（03）3268-2387（編集部）
　　　　　FAX　（03）3260-5425（営業部）
　　　　　振替口座　00160-0-46863
印刷所／有限会社 サムリット　製本所／笠原製本株式会社

Printed in Japan　〈検印省略〉
乱丁、落丁本はご面倒ですが小社通販係宛ご送付下さい。
送料小社負担にてお取替えいたします。

ISBN978-4-523-51048-2　C0087　〈P-48〉

南雲堂の世界各国語シリーズ

旅行にビジネスに携帯に
便利なスリムボディ
生活習慣・得々情報など役立つ情報を提供

水野　潔 監修‥‥‥
そのまま使えるタイ語会話

B6判変型　192ページ　定価(本体1748円＋税)
ＣＤ定価(本体3000円＋税)

寺戸　忠／寺戸ホア 著‥‥‥
そのまま使えるベトナム語会話

B6判変型　192ページ　定価(本体1748円＋税)
ＣＤ定価(本体3000円＋税)

朝倉摩理子 著‥‥‥
そのまま使える中国語会話

B6判変型　192ページ　定価(本体1748円＋税)
ＣＤ定価(本体2136円＋税)